Ramona Krieger & Ulrich Pingel

Auszeit Storys

11 inspirierende Geschichten über den Aufbruch zu einer längeren Reise

1. Auflage 2017

Auszeit Storys - 11 inspirierende Geschichten über den
Aufbruch zu einer längeren Reise

© 2017 Wenn Nicht Jetzt-Verlag –
Ramona Krieger & Ulrich Pingel GbR,
Eisenacher Straße 2, 53332 Bornheim, Deutschland
mail@auszeit-storys.de
www.auszeit-storys.de

Alle Rechte vorbehalten. Kein Teil des Werkes darf in
irgendeiner Form (durch Fotografie, Mikrofilm oder ein anderes
Verfahren) ohne schriftliche Genehmigung der Autoren
reproduziert oder unter Verwendung elektronischer Systeme
verarbeitet, vervielfältigt oder verbreitet werden.

Umschlagmotive und alle Bilder im Innenteil: © privat und mit
freundlicher Genehmigung der Urheber
Lektorat: silbentaucher.de
Wenn Nicht Jetzt-Verlag

ISBN: 9781973513308

Wir widmen dieses Buch allen mutigen Weltentdeckern
und denen, die es gerne werden möchten,
aber noch den letzten Schubs brauchen.

INHALT

Jeden Morgen Tabula rasa	2
Magda & Olli: In sechs Monaten um die ganze Welt	6
Eva Pia: Ein Sabbatjahr kann alles verändern und dein gesamtes Leben auf den Kopf stellen	18
Sabbatjahr für Lehrer	24
Andrea & Tilman: Auch mit viel Verantwortung ist ein Jahr Auszeit möglich	28
Sabbatjahr für Beamte	34
Robert: Den Menschen zu vertrauen öffnet viele Türen	36
Anna & Sebastian: Mit der Feuerwehr durch Europa	48
Karl: Was will man mehr im Leben, als wahre Zufriedenheit	58
Frührente	62
Sandra & Timo: Es sind vor allem die menschlichen Begegnungen, die diese Reise unvergesslich machen	64
Steffi & Tim: Das Wissen, etwas sehr Außergewöhnliches gemacht zu haben, gibt uns Selbstzufriedenheit	78
Julia: Je weniger man erwartet, desto mehr bekommt man	88
Jessica & Jonatan: Das Leben einfach nicht mehr so ernst nehmen	96
Ramona & Uli: Die beste Entscheidung unseres Lebens	104
Resümee	119
Nützliche Links	124

Jeden Morgen Tabula rasa

Man meint fast ein Zischen zu hören, wenn der große rot leuchtende Ball das Meer küsst und in ihm versinkt; den Himmel dabei rosa erleuchtet und die ganze Welt in satte, weiche Farben verpackt und quasi in ein Ölgemälde von William Turner verwandelt. Da ist das warme Grün der Olivenbäume, das noch glitzernde Blau des Meeres und der Horizont, der zu beiden Seiten von rosa in einem tiefem Lila ausläuft. So dramatisch und atemberaubend wie jeden Abend ist dieses Spektakel, aber auch genauso abwechslungsreich, denn keiner ist wie der andere. Mal mit Wolken, mal ohne; manchmal in strahlenden Farben, dann wieder eher pastellig. Immer total kitschig wie eins dieser großformatigen IKEA-Bilder, aber Kitsch in dem es gesellschaftlich anerkannt ist, sich drin zu suhlen, denn dieser Faszination kann sich auch der Hartgesottenste nicht entziehen. Unser einziger Termin des

Tages, der jeden Abend zu einer anderen Zeit und vor einer neuen Kulisse stattfindet, aber niemals langweilig wird: der Sonnenuntergang.

Wir haben schon unzählige gesehen, genossen, gefeiert. Wann ich aber den letzten Sonnenuntergang bewusst angeschaut habe, bevor wir auf diese Reise gegangen sind – keine Ahnung, ich kann mich nicht daran erinnern. Genauso der Sternenhimmel: Die Sterne waren schon immer da und werden es auch immer sein, aber für uns ist das gerade ein völlig neues Erlebnis, ein Ereignis, in das wir jeden Abend mit gleicher Hingabe eintauchen und uns von ihm verzaubern lassen. In der Stadt hatte man ihn fast vergessen, doch jetzt ist er so präsent und mächtig, dass es unvorstellbar scheint, wie wir den ignorieren konnten.

Das sind zwei von unzähligen Dingen, die wir (wieder) entdeckt haben. Städte voller faszinierender Architektur, in denen man das Gefühl hat, in einer anderen Zeit zu sein und durch die Geschichte zu laufen; unterschiedliches Klima, Vegetation und Lebensbedingungen; Menschen, die alle ganz anders ticken und leben; andersartige Mentalitäten, Gewohnheiten, Kulturen und exotisches Essen. Vor allem aber lieben wir die abwechslungsreiche Natur, die wir in jedem Land wieder begeistert neu entdecken.

So viel, was wir gesehen und erlebt haben, so viel gelacht und tatsächliche Unbeschwertheit wiederentdeckt und auch so einiges, was wir meistern mussten und das uns anschließend stärker gemacht hat. So eine Reise verändert einen. Als wir losfuhren, war das ein Neuanfang, ein leeres Blatt, das wir jetzt neu beschreiben, bemalen oder sonst was damit anstellen können. Jeder Tag ist neu und aufregend, denn man weiß noch nicht, was er mit einem macht. Es gibt noch so viel zu entdecken – in der Welt und in uns selbst. Keine Ahnung, ob man dafür alles hinter sich lassen und auf Reisen gehen muss, aber es hilft einem auf jeden Fall, (wieder) ein Gespür für sich und das pure Leben zu bekommen. An jedem Morgen können wir neu entscheiden, was wir mit dem Tag anstellen möchten – jeden Morgen wieder Tabula rasa.

Als wir damals von unseren Reiseplänen erzählten, reagierten ausnahmslos alle – sowohl Familie, Freunde, Bekannte und interessanterweise auch völlig Fremde – absolut positiv und begeistert. Wir hatten nicht damit gerechnet, dass wir in anderen Menschen so viel kindliche Freude und Sehnsüchte auslösen würden und so viel Unterstützung erfahren. Lange verschollene Menschen aus unserer Vergangenheit tauchten wieder auf und auch vollkommen Fremde verfolgen unsere Reise und fiebern mit unseren Abenteuern mit. Häufig hören wir Aussagen wie: „Ihr lebt meinen Traum, aber ich könnte so etwas ja nicht machen, weil ich ... das Geld nicht habe / Verpflichtungen habe / zu ängstlich wäre / gar nicht wüsste, wie man so etwas anpackt und organisiert." Oder Fragen wie: Was wurde aus euren Jobs? Wie finanziert ihr das? Was habt ihr mit euren Wohnungen, dem Auto, dem Hausstand gemacht?

Abenteuerlust, Neugier, der Wunsch Neues zu entdecken und alte Strukturen aufzubrechen; aus dem Alltagszug mal raus zu hüpfen und einfach querfeldein zu laufen und zu schauen, was passiert und wie das Leben denn woanders so aussieht – das scheint doch in fast allen Menschen zu stecken. Was muss also passieren, dass es jemand wirklich macht, seinen Koffer packt und loszieht? Und welche Möglichkeiten gibt es, so einen Traum praktisch umzusetzen?

Auf unserer Reise haben wir viele spannende Menschen getroffen, die ähnlich reisen wie wir und auch für lange Zeiträume unterwegs sind. Dabei gibt es ganz unterschiedliche Ansätze, wie das individuell für jeden möglich war.

Mit diesem Buch möchten wir Euch einige wunderbare Abenteurer und ihre ganz persönlichen Reisegeschichten vorstellen. Wir haben sie unter anderem gefragt was ihre Motivation für eine solche Reise war oder ist und natürlich, wie sie es angestellt haben, so ein Abenteuer zu organisieren und zu finanzieren. Herausgekommen sind elf einzigartige Geschichten, die zum Nachahmen anspornen.

Wenn Ihr also beim Lesen Feuer gefangen habt und schon anfangt zu packen, geben wir Euch noch ein paar handfeste Tipps mit, welche Modelle eines zeitlich begrenzten Jobausstiegs es gibt und einige Links, die Euch beim Organisieren helfen können.

Lasst Euch inspirieren und anstecken. Nachmachen dringend empfohlen!

Wir wünschen viel Spaß beim Lesen,

Ramona & Uli

Magda, 33 Jahre alt,
vor der Weltreise zuletzt als Teamleiterin im Online-Business tätig

Olli, 43 Jahre alt, Freiberuflicher Software Entwickler

Beide leben in Köln. Über ihre Reise schreiben sie auf ihrem Blog:

weltreiselust.de

In sechs Monaten um die ganze Welt

Die Reiseroute

Hi, wir sind Magda und Olli und in sechs Monaten sind wir einmal um die ganze Welt gereist: Startpunkt war **San Francisco**, von dort aus ging's nach **Hawaii** (Maui, Kauaii, Big Island), dann nach **Neuseeland**, über **Sydney** nach **Südostasien** (Bali, Lombok, Singapur, Malaysia, Thailand), und zum Abschluss haben wir die letzten Wochen im wunderbaren **Sri Lanka** verbracht. Fortbewegt haben wir uns mit Mietwagen, einem gekauften Auto und als klassische Rucksackreisende mit dem Flugzeug.

Wie ist eure berufliche Situation und wie konntet ihr so lange aus dem Job raus?

Magda: „Ich habe meinen Job gekündigt, um für sechs Monate unterwegs sein zu können."

Olli: „Da ich Freiberufler bin, habe ich meine laufenden Projekte abgeschlossen und mir ein halbes Jahr Auszeit genommen."

Was habt ihr mit euren Wohnungen gemacht?

Magda: „Für meine Wohnung habe ich für die Zeit einen Zwischenmieter gefunden."

Olli: „Ich hatte mich dazu entschlossen, die Wohnung nicht unterzuvermieten, damit wir, falls wir aus irgendwelchen Gründen früher heimkommen müssten, in den eigenen vier Wänden wohnen könnten."

Wie habt ihr die Reise finanziert?

Magda: „Klassisch: vom Ersparten. Ich habe einige Sparkonten aufgelöst, fast die Hälfte meines Besitzes verkauft (auf Flohmärkten und über Kleinanzeigen) und habe neun Monate lang einen Sparplan durchgezogen, also jeden Monat 800 Euro zur Seite gelegt."

Olli: „Über die Jahre habe ich viel gearbeitet und dadurch das nötige Geld angespart. Dazu kam noch der Verkauf von vielen ausrangierten Gegenständen. Dadurch konnte ich das Budget für die Reise aufbringen."

Wieviel Geld benötigt man für so eine Reise?

Magda: „Insgesamt habe ich circa 8000 Euro ausgegeben, was über meinem geplanten Limit von 6000 Euro war. Aber für die Route und das, was wir uns auf der Reise gegönnt und alles erlebt haben, bin ich mit der Summe zufrieden.

Die Ausgaben lagen ganz unterschiedlich, je nach Land, zwischen 2000 und 700 Euro pro Monat. Hawaii war sehr teuer und in Neuseeland haben wir ein Auto gekauft (und auch wieder verkauft) und sind auch öfter mal essen gegangen. Südostasien ist dagegen ein Schnapper: Da kann man schon ab 20 Euro am Tag (inklusive Übernachtung) sehr gut leben. Sri Lanka war zum Teil wieder ziemlich teuer im Vergleich zu Thailand oder Bali.

Außerdem waren wir kaum feiern (wo wir waren ist Alkohol meist recht teuer) und haben oft günstigeres Streetfood gegessen oder auch selbst gekocht. Ich würde jetzt im Nachhinein für unsere Route mit durchschnittlich etwa 50 Euro am Tag kalkulieren."

Olli: „Ich schließe mich da Magda an. Meine Ausgaben waren insgesamt etwas höher, weil ich ab und zu noch auf ein außerplanmäßiges Highlight bestand, wie zum Beispiel den Hubschrauberflug auf Kauaii, zu dem ich Magda dann eingeladen habe."

Auf dem Weg zum Gunung Kawi Tempel in Tampaksiring auf Bali mussten wir 300 Treppen runtersteigen und kamen an diesen traumhaften Reisterrassen vorbei.

Was hat euch motiviert das zu machen?

Magda: „Ich habe irgendwie schon immer Reisefieber und die paar Wochen Urlaub im Jahr reichten mir einfach nicht mehr. Ich wollte unbedingt länger mal raus in die weite Welt, Freiheit erleben und aus dem Hamsterrad ausbrechen, noch mehr fremde Kulturen und Lebensweisen kennenlernen.

Vor allem wollte ich aber auch rausfinden, was mir wirklich gut tut und lernen, mit wenig auszukommen und den Komfort und Wohlstand, den wir in Deutschland haben wieder zu schätzen. Außerdem wollte ich auch herausfinden, ob wir als Paar so eine Unternehmung gut meistern können."

Olli: „Nach jahrelangem Hamsterrad im Berufsleben, war es höchste Zeit den Wunsch nach einer Weltreise in die Tat umzusetzen. Die kurzen Urlaube (maximal drei Wochen) waren meiner Meinung nach einfach nicht genug, um auch weit entfernte Länder zu besuchen. Und mit Magda hatte ich die für mich passende Partnerin gefunden, um den Schritt zu wagen. Anfangs scherzten wir noch „lass uns eine Weltreise machen", bis wir uns dann schlagartig mittendrin in der ernsthaften Planung befanden."

Was war im Vorfeld die größte Hürde, die ihr nehmen musstet?

Magda: „Das ganze Organisatorische geregelt zu bekommen – Job kündigen, Wohnung zwischenvermieten, Reiseroute grob planen. Und dann vor allem Geduld aufbringen, bis es endlich losgehen konnte, denn wir haben das Ganze ungefähr neun Monate im Voraus geplant."

Olli: „Eine richtige Hürde kann ich gar nicht nennen. Klar, es war viel Vorbereitung notwendig, aber das gehört nunmal dazu. Dazu zählte unter anderem die Flüge und Unterkünfte im Voraus buchen, sich mit den Visa-Bestimmungen der jeweiligen Länder auseinandersetzen, Reisedokumente und Impfungen organisieren und so weiter."

Was hat euch auf der Reise am meisten beeindruckt?

Magda: „Da gibt es eigentlich weniger konkrete Dinge, die mich beeindruckt haben, als eher Feststellungen und allgemeine Beobachtungen: Wie wenig man doch braucht zum Glücklichsein. Wie gut frische Luft, Sonne und Meer jeden Tag tun. Wie unterschiedlich Menschen und Länder sein können."

Olli: „Wie wunderschön und wohltuend die Natur sein kann. Aber auch wie sehr die Menschen die Erde kaputt machen und in welchem Zustand sie sich aktuell befindet. Und wie einfach man auf Konsum und Luxus verzichten kann, wenn man nur mit dem Nötigsten auf Reisen ist."

Habt ihr auch schlechte Erfahrungen unterwegs gemacht?

Magda: „Irgendwie verdrängt und vergisst man Negatives sehr schnell, so dass im Nachhinein kaum wirklich schlechte Erfahrungen übrig bleiben. Aber ich erinnere mich an eine Überfahrt auf Koh Yao Yai in Thailand, wo uns erst der Taxifahrer, dann der Bootsfahrer und dann noch mal ein anderer Taxifahrer übers Ohr gehauen und einfach absurd hohe Preise verlangt haben. Wir konnten in dem Moment aber keine Alternative finden und mussten in den sauren Apfel beißen. Das hat mich geärgert, weil es so offensichtlich war, dass wir abgezockt wurden.

Ansonsten habe ich die Affen in Indonesien und Malaysia nicht so wirklich toll gefunden, eher gruselig. Und auch mit den bellenden Straßenhunden in der Nacht stehe ich leider auf Kriegsfuß. Da habe ich einfach Angst."

Olli: „Außer diversen Situationen, in denen wir eine Art 'Touristen Bonus' bezahlen mussten, fallen mir keine ernsthaften Situationen ein, die sich als wirklich schlecht herausgestellt haben. Meist kann man unbefriedigende Situationen mit geschickter Kommunikation lösen. Zum Beispiel hatten wir in Ubud, Bali anfangs ein Zimmer mit Schimmel und kaputtem Fliegengitter am Fenster zugeteilt bekommen. Nach kurzem Gespräch mit freundlichem, aber nachdrücklichem Ton mit den Verantwortlichen, haben wir dann zeitnah eines bekommen, an dem nichts zu bemängeln war."

Was würdet ihr jemandem raten, der Ähnliches vorhat?

Magda: „Machen! Man muss sich natürlich bewusst sein, dass danach nichts mehr so ist wie es mal war. Und klar: Wer Komfort und Luxus erwartet, der muss locker das doppelte an Budget einplanen, aber möglich ist alles!"

Olli: „Ich kann mich da nur Magda anschließen – unbedingt machen! Es ist die beste Erfahrung, die es gibt. Man sieht die Welt anschließend mit anderen Augen."

Wie haben eure Familien und Freunde reagiert, als ihr von euren Reiseplänen erzählt habt?

Magda: „Sonderlich überrascht war keiner, die kennen mich glaube ich schon ganz gut. Grundsätzlich haben sich alle irgendwie für mich gefreut. Manche haben gefragt, wie ich das finanziere, andere fanden es mutig, dass ich meinen Job dafür kündige und ein paar fanden es auch mutig, dass ich das zusammen mit meinem Partner mache – wo wir uns doch noch gar nicht so lange kannten."

Olli: „Meine Eltern waren anfangs besorgt, vermutlich weil sie selbst noch nie so lange und so weit weg von zu Hause waren. Der Rest meiner Familie und meine Freunde waren eher begeistert, dass wir den Plan umsetzen. Ein paar fanden es aber auch mutig, das Risiko einzugehen, alle Sicherheiten des westlichen Lebensstils zurückzulassen."

War es schwer, sich nach der Reise wieder in den Alltag einzufinden

Magda: „Ich hatte vier Wochen nach unserer Ankunft wieder einen festen Job, da blieb nicht so viel Zeit für Ankunftsschmerzen (was echt gut war). Ich hatte vor allem Probleme mit der doch recht ruppigen und eher unfreundlichen Art der Deutschen klarzukommen. Mir haben die exotischen Früchte und das tolle Essen sehr gefehlt. Und nach fast sechs Monaten Sonne und Meeresrauschen, oder Wald und Berge, fehlt mir auch die Natur sehr! Da kommt einem Köln plötzlich sehr eng, laut und anstrengend vor. Nach und nach gewöhnt man sich aber wieder an das alles und man lernt auch zu schätzen, wenn viele Dinge ihren geregelten Lauf gehen und dass man nicht um jede Dienstleistung feilschen muss."

Olli: „Ich wusste die ersten sechs bis acht Wochen nicht viel mit mir anzufangen und wäre am liebsten sofort wieder losgezogen. Ich musste mich erst wieder auf die Suche nach Projekten machen und mich anschließend ans Arbeiten gewöhnen. Trotz der Rückkehr versuchten wir, auf der Reise gewonnene Erkenntnisse, die unsere Gesundheit positiv beeinflussen (wie zum Beispiel Tee statt Kaffee trinken, früher zu Bett gehen, mehr Bewegung, viel Zeit in der Natur verbringen, ...) weiterhin zu befolgen. Mal mit mehr, mal mit weniger Erfolg. Man muss sich Mühe geben, nicht wieder in den gleichen Trott wie vor der Reise zu verfallen.

Anfangs hat es mich auch stark überfordert, an allen Ecken in der Stadt subtil zum Konsum von Dingen aufgefordert zu werden, die man eigentlich nicht braucht. Auf der Reise ist mir das nicht so präsent gewesen."

Sieht euer Leben nach der Reise anders aus?

Magda: „Wir sind vor kurzem zusammengezogen und versuchen ein paar Dinge, die wir uns unterwegs angeeignet haben, fortzuführen (weniger Fleisch, mehr Yoga, weniger schimpfen, mehr Gelassenheit und Neugier, freundlicher zu den Mitmenschen sein, ...). Aber eins ist sicher: Es wird einfach nie mehr wie es davor war und das Fernweh hört nicht wirklich auf."

Olli: „Ja, definitiv. Wir haben uns von sehr viel unnötigem materiellen Kram gelöst und diesen verkauft oder verschenkt. Yoga habe ich auf der Reise zum ersten Mal ausprobiert und habe vor es weiter zu betreiben, um Geist und Körper zu trainieren.
Über das Thema Müllvermeidung denke ich nun bei jedem Einkauf nach. Wir essen nur noch einmal die Woche Fleisch, kochen sehr oft asiatische Rezepte und wir essen jetzt gerne sehr scharf – zumindest nach europäischen Maßstäben."

Würdet ihr sowas wieder machen?

Magda: „Auf jeden Fall."

Olli: „Keine Frage, ich wäre sofort wieder dabei!"

Was würdet ihr jetzt anders machen?

Magda: „Etwas mehr Geld einplanen, um spontan doch noch zu verlängern. Und dann auch länger an einem Ort bleiben (eventuell etwas anmieten), vielleicht auch versuchen von unterwegs Geld zu verdienen."

Olli: „Ja, länger an einem Ort bleiben, nicht nur ein paar Tage. Und mehr als sechs Monate reisen."

Es ist gar nicht so viel, was man wirklich zum Leben braucht.

Hat euch die Reise verändert?

Magda: „Die Reise hat uns als Paar sehr viel näher gebracht, man lernt sich wirklich gut kennen. Ich war unterwegs und auch danach sehr, sehr erholt und ausgeglichen, einfach glücklich! Ich finde ich bin selbstsicherer geworden, weiß mehr was ich will und welche Kompromisse ich bereit bin einzugehen und welche nicht. Vieles was man glaubt, das total wichtig ist, hat sich auf der Reise relativiert.

Die ganze Planung vorab und unterwegs darf man auch nicht unterschätzen, das war schon richtiges Projektmanagement was wir da gemacht haben. Prioritäten setzen und Entscheidungen treffen, das sind Dinge und Skills, die man immer wieder im Leben braucht, egal, ob beim Reisen, Hausbau oder auch im Arbeitsleben."

Olli: „Ich bin generell weltoffener geworden und habe gelernt, vor fremden Menschen eine gewisse Scheu abzulegen. Mein Bewusstsein für die Natur ist stärker geworden. Ich überlege mir, ob ich Dinge wirklich brauche, bevor ich sie kaufe."

Wo geht es als nächstes hin?

Magda: „Gerade sind wir auf Sizilien und entfliehen dem grauen Winter in Deutschland. Für nächstes Jahr haben wir noch keine festen Pläne, aber es schwirrt Island und eine Tour mit dem Bulli durch Frankreich oder Portugal in unseren Köpfen rum. Bestimmt auch noch eine Fernreise in warme Gefilde im Winter. Idealerweise schaffen wir es in der Zukunft einen Modus zu haben, wo wir neun Monate arbeiten und drei Monate im Jahr reisen können."

Olli: „Es stehen noch viele Ziele auf unserer Wunschliste. Hauptsache raus aus dem gewohnten Umfeld. Ich persönlich bevorzuge die Natur gegenüber Städtetripps, aber generell bin ich offen für alles, was den eigenen Horizont erweitert."

Eva Pia, 35 Jahre alt,
Sonderpädagogin und
Yogalehrerin aus Köln.
Nach ihrem Sabbatjahr sieht
ihr Leben jetzt vollkommen
anders aus.

Ein Sabbatjahr kann alles verändern und dein gesamtes Leben auf den Kopf stellen

Ich bin Eva Pia aus Köln, damals als es losging war ich 33 Jahre jung, kinderlos und ungebunden, wie man so schön sagt. Meine Route für das Jahr war nur grob abgesteckt: *Erstes Ziel:* Mit dem Auto nach Spanien, genauer genommen nach **Katalonien**, um dort den Sommer zu verbringen. Freunde besuchen in Barcelona, einen Abstecher ins Landesinnere und dann ab in die Pyrenäen – erst Yoga, dann Wandern und dann wieder Yoga.

Zweites Ziel: **Kanada.** In Montreal für drei Monate in einer sehr netten WG wohnen, Französisch lernen und das Leben genießen.

Drittes Ziel: **Indien,** das Reiseziel von dem ich schon lange geträumt hatte. Geplant war für Indien nicht viel, nur der Hinflug, die ersten Wochen in Auroville und dann weiter als Backpackerin mit Bus und Bahn, möglichst wenig fliegen.

Vom ursprünglichen Plan her wäre meine Zeit in Indien so gegen Ostern dann spätestens zu Ende gewesen und ich liebäugelte noch mit Israel, aber alles kam anders und so wurde Indien (mit Abstecher nach Nepal) tatsächlich schon mein letztes großes Ziel auf dieser Reise.

Sabbatjahr: Finanziell ein komfortables Modell

Meine berufliche Situation war äußerst komfortabel. Als Lehrerin hatte ich mir tatsächlich das ganze Jahr Freiheit im Vorfeld angespart und bezog weiterhin mein Gehalt, inklusive doppelter Sommerferien. Finanziell finde ich ein Sabbatjahr wirklich bequem, da man sich für ein Modell entscheidet und dann klar ist, wie viele Jahre man auf das Jahr Auszeit hinarbeitet. In meinem Fall waren das nur zwei Jahre und das dritte Jahr hatte ich dann komplett frei. Das bedeutete dann eben auch drei Jahre lang mit Zweidrittel meines Gehalts auszukommen.

Als Backpackerin kann man sehr günstig reisen

Da ich wirklich alle laufenden Kosten – bis auf die teure private Krankenversicherung – los war während meines Sabbatjahres, kann ich sagen, man braucht nicht viel für so eine Reise. Schätzungsweise 35 Euro am Tag sollten als Budget reichen. Das Ganze ist natürlich abhängig davon wie und wo man unterwegs ist. In Indien ist man mit diesem Betrag schon recht weit vorne mit dabei und kann sich wirklich allen Luxus gönnen, wie klimatisierte Sitzplätze im Zug, Einzelzimmer mit Bad, gutes Essen, plus jegliches Freizeitprogramm – vom Rafting auf dem Ganges bis hin zum Gesangsunterricht im Himalaya. Natürlich ist es auch möglich mehr Geld auszugeben, doch man kommt als Backpackerin wirklich auch deutlich günstiger durchs Land.

Für Kanada waren 35 Euro nur deswegen realistisch, weil mir ein unschlagbar günstiges WG-Zimmer in einem der schönsten Viertel angeboten wurde, ich mir mein Fahrrad in einer kleinen Werkstatt selbst zusammengeschraubt habe und ich auch sonst keinen besonders konsumorientierten Lebensstil pflege.

Im Beatles Ashram in Rishikesh, Indien.

Ich koche selbst leidenschaftlich gerne, gehe gerne wandern – was sich in Kanada auch wirklich lohnt – und die Autofahrt dorthin mit Freunden konnte ich mit Yogastunden bezahlen. Klamotten hatte ich einen Koffer voll dabei, was mehr war als ich brauchte, wie sich später herausstellen sollte, und ein Monatsabo bei der besten Yogaschule der Stadt war ebenfalls erschwinglich. Der Französischkurs fiel mit 500 Euro am meisten ins Gewicht, doch dafür sind die Flüge ja heutzutage für kleines Geld zu haben, so gleicht sich dann alles wieder aus.

Den Mut zu finden ist die größte Hürde

Was war also im Vorfeld die größte Hürde? Was musste ich meistern und organisieren, um mir diesen Traum zu erfüllen? Tja, gute Frage. Ich würde fast sagen, den Mut dafür zu finden, einen solchen Entschluss zu fassen und dann auch wirklich durchzuziehen. Denn im Grunde ist so ein Sabbatjahr ja eine sichere Nummer, einfach mal ein Jahr raus aus dem Job und dann geht – wenn man möchte – alles wieder weiter wie zuvor.

Meine kleine Wohnung konnte ich glücklicherweise für das gesamte Jahr untervermieten. Organisatorisch kommt natürlich doch nochmal einiges dazu, wenn man seine Wohnung für ein Jahr verlässt. Mein ganzes Hab und Gut musste innerhalb von zwei Wochen in Kisten gepackt und im Keller verstaut werden. Ich habe mein Auto verkauft, meinen Handyvertrag gekündigt, alle meine Abos und Mitgliedschaften ebenso und dann konnte es endlich losgehen. Meine Freunde und Familie haben mein Vorhaben eigentlich weitestgehend unterstützt und mitgefiebert auf der Reise.

Den Geschmack von Freiheit voll auskosten

Motiviert hat mich, ehrlich gesagt, der Geschmack von Freiheit, einfach mal ein Jahr unterwegs sein zu können und sich um nichts Gedanken machen zu müssen. Am meisten beeindruckt hat mich auf der Reise tatsächlich Indien. Alles an diesem Land zog mich einfach nur in seinen Bann und aus den geplanten drei Monaten dort wurden am Ende fünfeinhalb, bevor ich dann wieder meinen Rückflug nach Köln antrat.

Ich habe auch ein paar schlechte Erfahrungen gemacht auf der Reise. Nichts dramatisches, sondern eher alltägliche Situationen, die ich Zuhause in Köln auch erleben könnte.

Ein vollkommen neues Leben

Diese Reise hat mich und mein ganzes Leben verändert und komplett auf den Kopf gestellt, denn zurück aus Indien stellte ich fest, dass ich schwanger war. Mein Leben sieht also seitdem komplett anders aus als vorher, denn ich teile es jetzt mit meiner inzwischen acht Monate alten Tochter Uma. Ob man zum Mamawerden extra so ein Abenteuer unternehmen muss, kann ich nicht sagen. In meinem Fall war es so und ich bereue nichts. Ich bin natürlich aus meiner neuen Perspektive besonders froh, mir diesen Traum noch erfüllt zu haben.

Auf jeden Fall würde ich so eine Reise wieder machen, dann allerdings mit Uma zusammen. Also „same, same, but little different" wie man in Indien so schön sagt. Unser nächstes gemeinsames Reiseziel? Mal schauen, vielleicht Barcelona und dann irgendwann bestimmt auch mal Indien oder Indonesien. Bali soll doch DAS Ziel für die Elternzeit sein!

„Es ist nie zu spät nochmal 23 zu sein."

Eva Pia

Sabbatjahr für Lehrer

Das Sabbatjahr kommt ursprünglich aus dem universitären Bereich, wo Professoren für Forschungszwecke ein Semester von ihrer Lehrpflicht freigestellt werden. Grundsätzlich gibt es die Möglichkeit zu einem Sabbatjahr für alle Lehrkräfte, auch für in der Erwachsenenbildung oder heilpädagogischen Unterrichtshilfe tätigen. Ein Anspruch besteht sowohl für verbeamtete wie auch angestellte Lehrer, allerdings sind die Rahmenbedingungen unterschiedlich. Für Beamte gelten landesweit einheitliche Regeln, auch wenn diese sich in der detaillierten Ausgestaltung von Bundesland zu Bundesland leicht unterscheiden können.

Verbeamtete Lehrer

Das gängigste und bekannteste Modell des Sabbatjahres ist der zeitlich begrenzte Lohnverzicht mit Anspar- und

Freistellungsphase. In einigen Bundesländern ist dies für verbeamtete Lehrer auch das einzig mögliche Modell. Hierbei verzichtet der Arbeitnehmer über einen vorher definierten Zeitraum auf einen Teil seines Gehalts und bezieht dieses dann in der sogenannten Freistellungsphase weiter. Für verbeamtete Lehrer gilt ein Planungszeitraum von zwei bis sieben Jahren, wobei das letzte Jahr dann üblicherweise das Freistellungsjahr ist. Es stehen unterschiedliche Modelle zur Auswahl, bei denen aber immer ein zeitlich begrenzter Lohnverzicht zugrunde liegt, lediglich der Zeitraum für die Anspar- und Freistellungsphase kann variieren.

Beim Dreijahresmodell arbeitet die Lehrkraft beispielsweise zwei Jahre weiterhin in Vollzeit, bei weniger Gehalt, um im dritten Jahr freigestellt zu sein. Entsprechend dauert die sogenannte Ansparphase beim Vierjahresmodell drei Jahre und das vierte ist das Freistellungsjahr und so weiter. Je nach Modell, erhalten Lehrer während des gesamten Zeitraums zweidrittel bis sechssiebtel ihres Gehalts. Bei gleichbleibenden Bezügen können sie dann ein Jahr Auszeit nehmen.

Auch für Teilzeitkräfte sind diese Regelungen möglich. Für das Dreijahresmodell muss vorher aber die Teilzeitquote bei mindestens dreiviertel der regulären Arbeitszeit gelegen haben, beim Vierjahresmodell bei mindestens zweidrittel. Entsprechende Formen gibt es dann eben bis zum Siebenjahresmodell.

Angestellte Lehrer

Angestellte Lehrer haben grundsätzlich genauso einen Anspruch auf ein Sabbatjahr wie verbeamtete. Allerdings gelten für sie nicht automatisch die gleichen Regelungen und sie müssen die verschiedenen Möglichkeiten individuell mit ihrem Arbeitgeber vereinbaren. Häufig wird hier ein Modell gewählt, das für verbeamtete Lehrer gilt. Es ist aber auch möglich, Überstunden anzuhäufen und diese dann im Sabbatjahr auszugleichen. Da das Überstundenmodell für Lehrer allerdings gewöhnlich schwierig umzusetzen ist, wird meist auf eine Beamtenregelung zurückgegriffen.

Teilzeitmodell

Der oben beschriebene zeitlich begrenzte Lohnverzicht ist das beliebteste Modell des Sabbatjahrs. Darüber hinaus gibt es aber noch mehr mögliche Regelungen, wie zum Beispiel das Teilzeitmodell.

Hierbei wird eine Teilzeitbeschäftigung vereinbart, mit einer entsprechend geringeren Vergütung. Tatsächlich arbeitet die Lehrkraft aber in Vollzeit – beispielsweise ein Jahr bei halbem Gehalt –, um dann im darauffolgendem Jahr freigestellt zu sein. Bei einer längeren Planungsphase gleichen sich die Bezüge entsprechend an, also zum Beispiel drei Jahre mit zweidrittel der regulären Arbeitszeit und Gehalt, vier Jahre mit dreiviertel, fünf Jahre mit vierfünftel und so weiter. Diese Varianten sind ebenfalls für Teilzeitkräfte möglich.

Worauf man achten muss

Egal, ob angestellter oder verbeamteter Lehrer und unabhängig vom gewählten Modell, müssen im Vorfeld sämtliche Rahmenbedingungen ganz genau mit dem Arbeitgeber festgehalten werden. Zum einen betrifft das natürlich den konkreten Zeitraum der vereinbarten Anspar- und Freistellungsphase. Aber auch Fragen nach Urlaubsanspruch, Regelung im Krankheitsfall, Rückkehr- und Kündigungsregelungen sollten unbedingt schriftlich festgelegt werden.

Andrea (52), Diplom-Finanzwirtin und
Tilman (58), Diplom-Physiker,
aus Erfstadt-Liblar;
beide Bundesbeamte; verheiratet;
Patchworkfamilie mit drei Kindern (20, 23, 25)

Auch mit viel Verantwortung ist ein Jahr Auszeit möglich

Wir sind Andrea und Tilman und reisen bereits im elften Monat unseres Sabbatjahres durch Europa. Die ersten drei Monate waren wir mit Rucksack in Asien unterwegs und haben uns **Vietnam, Kambodscha, Laos und Japan** angesehen. Danach sind wir in Deutschland in unser Wohnmobil gestiegen und losgefahren, quer durch Europa.

Unsere Reiseroute

Unsere Route ging über **Frankreich** und **Spanien** runter nach **Portugal**; von hier dann wieder hoch und über **Belgien** und die **Niederlande** Richtung Norden, nach **Dänemark**, **Norwegen** und **Schweden**. Dann sind wir durch **Polen, Tschechien, Österreich, Slowenien, Kroatien, Bosnien, Montenegro** und **Albanien** bis nach **Griechenland** gefahren. Dort haben wir einige Zeit verbracht, das warme Wetter und die schöne Landschaft genossen und einfach mal alle Eindrücke der letzten Monate sacken lassen.

Jetzt bummeln wir langsam über **Italien** und die **Schweiz** wieder zurück nach Hause, um noch etwas Zeit zur „Resozialisierung" zu haben, bevor wir im Januar dann wieder in unsere Jobs starten.

Es ist überraschend, wie wenig man tatsächlich zum Leben braucht

Als Bundesbeamte waren wir beide in der privilegierten Situation, uns ein Jahr Auszeit nehmen und problemlos wieder in den Beruf zurückkommen zu können. Vier Jahre lang haben wir auf zwanzig Prozent unseres Monatsgehalts verzichtet und dieses dann im fünften Jahr, dem Reisejahr, ausgezahlt bekommen. So hatten wir schon vorher Zeit, uns an weniger Geld zu gewöhnen und wussten bereits ganz genau, wieviel uns zur Verfügung steht. Das reichte für uns, ohne von Ersparnissen oder anderen Rücklagen Gebrauch machen zu müssen. Nur unser Auto haben wir vorher noch verkauft.

Überhaupt ist es überraschend, wie wenig Geld man tatsächlich zum Leben braucht. Auch Zuhause hatten wir schon festgestellt, dass wir auch mit den niedrigeren Gehältern problemlos klarkamen. Und dass, obwohl wir drei Kinder in Ausbildung und Studium haben, die wir finanziell unterstützen und in einem Haus leben, für das wir Miete zahlen müssen.

Auf der Reise haben wir im Durchschnitt zu zweit 50 Euro am Tag ausgegeben. Das hängt natürlich vom jeweiligen Land ab, der Art und Weise des Reisens und davon, wieviel Luxus man sich gönnen möchte.

Dazu kamen noch heimische Fixkosten die weiterliefen, wie Miete, Unterhalt der Kinder und Versicherungen sowie die Anschaffungskosten von Wohnmobil und Ausrüstung.

Ein hohes Maß an Selbstbestimmtheit

Zu dieser Reise motiviert hat uns natürlich der Reiz, andere Länder und Kulturen kennenzulernen. Besonders aber auch die Aussicht, über einen längeren Zeitraum in einem reduzierten, also – verglichen mit unserem normalen Alltag – weniger komplexen Kosmos zu leben. Wir wollten in möglichst hohem Maße selbstbestimmt unsere Zeit verbringen und vor allem mal so richtig Zeit für uns als Paar und auch als Individuen haben.

Andrea und Tilman haben acht Monate im Wohnmobil gelebt.

Der organisatorische Aufwand zahlt sich aus

Natürlich muss man für so ein Unternehmen im Vorfeld einiges planen und organisieren, wie eben den Verzicht auf den vollen Lohn über einen längeren Zeitraum. Der Arbeitgeber musste überzeugt, die Betreuung unserer Eltern organisiert und unsere Kinder in Selbstständigkeit versorgt werden. Aber es ist möglich, so etwas zu tun und der organisatorische Aufwand lohnt sich absolut.

Denkt an die grüne Versicherungskarte

Grundsätzlich würden wir dazu raten, so wenig wie möglich vorzubuchen, um zeitlich und örtlich flexibel reisen zu können. Wir hatten zum Beispiel nur einen Hinflug nach Ho-Chi-Minh-City und die beiden ersten Hotels gebucht, der Rest findet und entscheidet sich am besten vor Ort.

Bei geplanten Fernreisen sollte man daran denken, sich rechtzeitig um Impfungen und Visa zu kümmern und am besten mit wenig Gepäck reisen. Bei Reisen mit dem Wohnmobil denkt um Himmels Willen an die grüne Versicherungskarte!

Ansonsten ist unser wichtigster Rat, es auf jeden Fall zu machen: unverzüglich Pläne schmieden, konkret werden und Vorfreude genießen.

Mit wenig so glücklich sein

Sehr genossen haben wir vor allem die wunderbaren Naturerlebnisse und die unzähligen zwischenmenschlichen Kontakte zu Einheimischen und anderen Reisenden. Es war spannend, die Lebensgeschichten, -einstellungen und -erfahrungen von anderen erleben zu dürfen.

Eine tolle Erfahrung war auch das Gefühl von Freiheit und Selbstbestimmtheit: Jeden Tag, jede Stunde konnten wir neu über unsere Weiterreise entscheiden. Was uns aber tatsächlich am allermeisten beeindruckt hat, war, dass wir über so einen langen Zeitraum, auf so engem Raum, mit so wenigen Dingen, so glücklich miteinander waren!

Sabbatjahr für Beamte

Für Beamte und gleichgestellte Angestellte im Öffentlichen Dienst gelten ähnliche Regelungen für ein Sabbatjahr wie für Lehrer. Auch hier gibt es eben eine Ansparphase mit Teilzeitregelungen und gekürztem Gehalt und eine Freistellungsphase. Im Öffentlichen Dienst kann der gesamte Planungszeitraum zwischen einem Jahr und zehn Jahren betragen. Auch kürzere Auszeiten, beispielsweise eine dreimonatige Auszeit nach einer zweijährigen Ansparphase, sind möglich.

Abweichende Regelungen für Bundesbeamte

In allen Bundesländern gelten für Beamte und Angestellte im Öffentlichen Dienst relativ einheitliche Regeln, aber auch hier gibt es bei einzelnen Bundesländern im Detail Unterschiede im jeweiligen Landesrecht. Unterschiede bestehen vor allem zu Beamten auf Bundesebene. Der gesamte Bewilligungszeitraum muss hier zum Beispiel mindestens drei Jahre und darf maximal acht Jahre betragen. Für Bundesbeamte gilt die sogenannte „Verordnung über die Arbeitszeit der Beamtinnen und Beamten des Bundes" (AZV).

Besoldungsanspruch bleibt bestehen

Für Beamte wichtig zu wissen, ist, dass der Besoldungsanspruch des Beamten über den gesamten Freistellungszeitraum bestehen bleibt. Das gilt auch für Sonderzahlungen, wie Jubiläumszuwendungen und Urlaubsgeld. Ein eventueller Beihilfeanspruch bleibt ebenfalls bestehen und der Aufstieg in eine höhere Besoldungsstufe bleibt unberührt.

Sabbatjahr in der Freien Wirtschaft

Der Öffentliche Dienst hat in diesem Bereich eine Vorbildrolle für die private Wirtschaft, in der sich das Sabbatjahr erst langsam etabliert und es keinerlei einheitliche Regelungen gibt. Hier hängt alles von der Einstellung des jeweiligen Arbeitgebers ab. Grundsätzlich ist aber ja alles möglich und einfach eine Verhandlungssache.

Robert, 38, aus Köln, arbeitet als Head of Finance bei einem Berliner Start Up. 15 Monate hat er mit Rucksack die Welt kennengelernt.

Den Menschen zu vertrauen öffnet viele Türen

Ich bin Robert aus Köln und war über ein Jahr mit dem Rucksack auf Weltreise. Meine Tour hatte ich bis Peking grob geplant, danach war alles im Flow. Ich habe spontane Gelegenheiten wahrgenommen, mich neuen Reisebekanntschaften angeschlossen und mich einfach treiben lassen. Angedacht war ein halbes Jahr zu reisen – daraus sind letztlich erlebnisreiche 15 Monate geworden.

Ich wollte so wenig wie möglich fliegen und bin daher sehr viel mit dem Zug gefahren. In Südostasien habe ich mich hauptsächlich mit dem Bus und zu Fuß fortbewegt und auf Bali, in Vietnam und Thailand natürlich mit dem lokalen Fortbewegungsmittel Nummer eins: dem Roller.

Die Reiseroute

Los ging die Reise in Travemünde, mit der Autofähre (die ich um einen Tag verpasst habe – so viel zu meiner Planung …) nach Helsinki, **Finnland**. Von hier nach **Russland**, St. Petersburg und Moskau und von da mit der **Transsibirischen Eisenbahn** bis nach Ulan-Bator in der **Mongolei**, wo ich zehn Tage bei einer Nomadenfamilie in einer Jurte Nähe Khakhorin gewohnt habe. Weiter ging's mit der **Transmongolischen Eisenbahn** nach Peking, **China**.

Nach Peking ging es mit der Transmongolischen Eisenbahn.

In China habe ich mir unter anderem die Chinesische Mauer, Yunnan, Guilin und Shanghai angesehen, bevor es weiter ging nach **Vietnam**, was ich mit dem Scooter von Hanoi im Norden bis ins Mekong Delta im Süden durchquert habe. Von hier bin ich durch **Kambodscha, Thailand und Myanmar** bis nach **Singapur** gereist. In **Indonesien** habe ich zwei Monate auf Bali gelebt und mir, unter anderem, noch Gili Island und Nusa Tenggara angesehen, bevor es weiter ging nach **Australien**: die East Coast Road entlang, Great Barrier Reef, Brisbane, Surfers Paradise, Sydney, Melbourne, … Zum Schluss habe ich noch einige Zeit mit meiner Freundin in der Bretagne, in Frankreich und in Dublin, Irland verbracht.

Einfach den Job gekündigt

Nach zehn Jahren im Job habe ich einfach gekündigt. Naja, einfach ist relativ, es hat mich gut zwei Jahre Überlegungszeit gekostet, um den Schritt endlich zu machen. Die Weltreise war aber nicht der Grund der Kündigung, sondern eher eine gute Gelegenheit nicht direkt wieder in einen neuen Job zu gehen.

Die Wohnung als Sicherheitsanker

Meine Wohnung habe ich leider behalten. Aus heutiger Sicht würde ich das anders machen, da es ökonomisch nicht sinnvoll war. Damals wusste ich ja noch nicht, was auf mich zukommt und auch nicht, dass aus geplanten 6 schließlich 15 Monate werden. Ich hatte etwas Bammel, ob denn auch wirklich alles klappen würde, daher war die Wohnung meine Sicherheit, um jederzeit zurückkommen zu können.

Impfungen waren besonders teuer

Finanziert habe ich die Reise von Ersparnissen. Mein Budget lag bei etwa 25 Euro pro Tag (ohne Flug, Bus, Bahn), inklusive Unterkunft, Essen und Aktivitäten. Ich hatte mir allerdings auch vorgenommen, möglichst günstig zu reisen und nur in Hostels oder Homestays zu übernachten. Daher kam ich im Durchschnitt mit dem Budget ganz gut hin. Natürlich kommt das immer auf das Land an: In Südostasien und Thailand kommt man mit 25 Euro gut drei Tage aus; in Australien bekommt man hierfür dagegen nicht einmal einen Platz in einem 12-Bett-Zimmer.

Im Vorfeld gab es einige Ausgaben, die man auf jeden Fall bei der Planung einer solchen Reise mit bedenken sollte. Insbesondere die Impfungen sind teuer – ich habe insgesamt 500 Euro bezahlt. Hier macht es Sinn, vorher die Krankenkasse zu fragen was sie an Impfkosten übernimmt. Eine Auslandsreiseversicherung sollte man auf jeden Fall abschließen. Meine hat für ein Jahr ungefähr 250 Euro gekostet. Woran man auch nicht sparen sollte, ist ein guter Rucksack; für meinen habe ich 200 Euro bezahlt. Der Rest ist egal und ergibt sich unterwegs. Visa kann man sich vor Ort meist günstiger besorgen, insbesondere in Asien (Bangkok ist da immer gut). Mit Visa und allen weiteren Kosten kann man schon mal 400-800 Euro ausgeben, ohne überhaupt losgefahren zu sein.

In Asien sind Mönche ein alltäglicher Anblick.

Der Gedanke, einmal eine Weltreise zu machen, war schon immer da

Vor der Reise hatte ich einige ziemlich harte Jahre hinter mir. Beziehung kaputt, Jobsituation unbefriedigend, Workaholic. Die Reise war ein lange gehegter Traum und der Zeitpunkt war einfach gekommen, ihn wirklich umzusetzen. Finanziell war ich unabhängig und alles schrie ohnehin nach einem Neuanfang. Vor allem fand ich es spannend, mit 35 Jahren nochmal alles hinter mir zu lassen und alleine loszuziehen.

Vom Entschluss bis zur Abreise sind etwa drei Monate vergangen. Die Vorbereitungen waren auch nicht sehr aufwändig, da ich ja nicht viel geplant, meine Wohnung behalten und den Job bereits gekündigt hatte.

Die Komfortzone zu verlassen, war das schwierigste

Für mich standen Karrierepläne immer im Vordergrund. Einzusehen, dass der Job nicht mehr das Richtige für mich war und die Konsequenz zu ziehen tatsächlich zu kündigen, waren für mich die schwierigsten Schritte, die ich bewältigen musste. Ich habe mich lange mit Fragen gequält wie „Was kommt nach dem Job?", „Was ist nach der Weltreise?". Ich habe es mir selbst nicht leichtgemacht und es war schwer, sich aus der sicheren Komfortzone zu wagen.

Volle Unterstützung von Familie und Freunden

Meine Familie hatte nie die Gelegenheit so etwas zu machen und war auch noch nie außerhalb von Europa unterwegs. Die hatten schon auch Angst um mich, vor allem meine Mutter. Mein Vater war eher positiv und meinte nur „Have fun, genieß` es". Freunde fanden es alle cool und haben mich eher in meiner Entscheidung unterstützt. Viele wären wahrscheinlich gerne direkt mitgekommen.

Einfach mal alles ausprobieren und sich darauf einlassen

Losgefahren bin ich ohne Erwartungen und habe alles auf mich zukommen lassen. Wenn man sich einmal darauf eingelassen hat, stellt man fest, dass es einfach ist von Tag zu Tag zu leben, ohne Verpflichtungen, ohne Ziel, ohne Morgen. Jeder Tag ist neu und hat seine Besonderheiten.

Meine einzigen Bedenken vorher waren, dass ich auf der Reise niemanden richtig kennenlernen und eher alleine durch die

Welt ziehen würde. Hier wurde ich aber schnell eines Besseren belehrt; ein bisschen Small Talk und man lernt am Ende mehr Leute kennen als man vorher erwartet hat.

Ich habe mir am Anfang der Reise überlegt, was ich aus jedem Land mitnehmen möchte, was mir Spaß macht und wobei ich das Land schnell kennenlernen könnte. Das ging sehr gut über das Essen, speziell Streetfood. Hier kommt man sehr leicht mit Menschen ins Gespräch, wenn man Interesse an Essen und Kultur zeigt. Ich hatte mir vorgenommen so viel wie möglich zu probieren und nichts abzulehnen, was mir angeboten wurde. Bis auf eine Woche Magenbeschwerden in Kambodscha, habe ich nie Probleme gehabt und dadurch mega viel erlebt und kulinarische Köstlichkeiten probieren dürfen. Und ich habe alles an Aktivitäten ausprobiert auf die ich Lust hatte; alles, was ich immer mal machen wollte wurde jetzt einfach gemacht.

Länder, die mich besonders beeindruckt haben:

Mongolei: Wegen der Stille und der Weite. Vor allem aber wegen der Menschen, die ohne viel Besitz, ein puristisches und dennoch zufriedenes Leben führen.

Myanmar: Weil ich selten ein so freundliches Volk erlebt habe und das Land dem Tourismus noch nicht so kommerziell gegenübersteht.

Bali: Weil ich hier Ruhe und meinen inneren Frieden gefunden habe. Wegen der Menschen, der Liebe, dem Surfen und Freediving, dem Lachen und der Einfachheit des Lebens.

Man kann jeder Situation etwas Positives abgewinnen

Bis auf die kleinen Dinge die jeder Backpacker mitmacht (Betrug durch Taxifahrer und in Peking hat man mir Falschgeld untergejubelt) habe ich nichts Negatives erfahren. Ich habe gelernt jeder Situation, selbst wenn es mal nicht so gut lief, etwas Positives abzugewinnen. Vielleicht lag es auch daran, dass ich vorurteilsfrei und ohne Erwartungen in jedes Land gefahren bin und einfach alles auf mich habe zukommen lassen.

Surfen und Freediven haben mich nachhaltig geprägt. Hier habe ich meine Ruhe und meinen inneren Frieden gefunden.

Mein Rat an alle, die überlegen, eine Weltreise zu machen

• Auf jeden Fall machen!

• **There is no next time.** Soll heißen: Wenig planen, Optionen nicht durchanalysieren und Chancen nehmen wie sie kommen, ohne über die Konsequenzen nachzudenken.

• **Trust People.** Einfach den Menschen mal vertrauen, dass öffnet Türen. Eine Hochgebirgsüberquerung in Myanmar, in einem gefühlt 50 Jahre alten Bus, mit einem Fahrer der unter Opiaten steht klingt nicht so toll? – Aber die machen das immer so und passieren wird nichts, daher hatte ich die besten Trips als ich wenig darüber nachgedacht habe, ob ich das in Deutschland genauso machen würde. Man muss ein bisschen verrückt sein. Auch 100 km mit einem Scooter auf der Autobahn in Vietnam zu fahren ist vielleicht nicht etwas, was ich in Europa machen würde, aber vor Ort geht das schon.

• **Don't be so German!** – Es bringt nichts sich auf alle Eventualitäten vorzubereiten. Es kommt eh alles anders als man denkt.

• Wenig Gepäck ist wirklich machbar (ich hatte am Ende nur noch zehn Kilo). Ich habe viel vorab darüber gelesen, es nicht glauben wollen und am Ende hatten doch alle Recht. Das hängt aber davon ab auf wieviel man persönlich verzichten kann. Einzig die Impfungen sollte man vorab wirklich machen.

So eine Reise verändert einen nachhaltig

Wenn man 15 Monate von Tag zu Tag lebt, ist es schwer sich wieder in ein geregeltes Leben mit Strukturen und Abläufen einzufinden und die große Freiheit aufzugeben. Diese lange Reise, mit vielen Eindrücken, Ländern, verschiedenen Menschen, hat mich sehr geprägt und auch in vielerlei Hinsicht verändert. Es war schwer zu akzeptieren, dass sich bei Familie, Freunden und dem gesamten Umfeld eigentlich nichts geändert hat. Ich habe erst spät realisiert, dass ich es bin, der sich verändert hat und ich deswegen meiner Familie und meinen Freunden keinen Vorwurf machen darf.

Ich bin heute noch in Kontakt mit Freunden von der Reise, alle hatten ähnliche Probleme und es ist gut, das mit Menschen zu teilen, die das verstehen. Das können glaube ich auch nur Leute nachvollziehen, denen es auch schon mal so ging.

Inzwischen arbeite ich in Berlin und versuche eine Balance zu finden, zwischen einem erfüllenden Job und meinem Privatleben. Not easy.

In der Mongolei hat mich am meisten beeindruckt, wie glücklich die Menschen waren, obwohl sie nicht viel besaßen.

Heute reizen mich extremere Sachen

Ich würde gerne in vier, fünf Jahren wieder für ein Jahr auf Reisen gehen und diesen Rhythmus auch in Zukunft beibehalten. Am Reisen an sich würde ich auch nichts anders machen, außer vielleicht ein paar mehr Ziele abstecken. Heute würde ich auch eher extremere Sachen wagen wollen, wie eine Expedition in die Antarktis, Wandern in Nepal und Tibet, den Atlantik mit dem Segelboot überqueren, Tauchen auf den Fijis, den Inka Trail zu Fuß ablaufen, Entwicklungshelfer in Südostasien werden, in den Iran, nach Jordanien, Lybien, Israel reisen oder Eisbären auf Spitzbergen besuchen. Als nächstes möchte ich gerne zum Surfen und Freediven mit Whale Sharks nach Madagaskar.

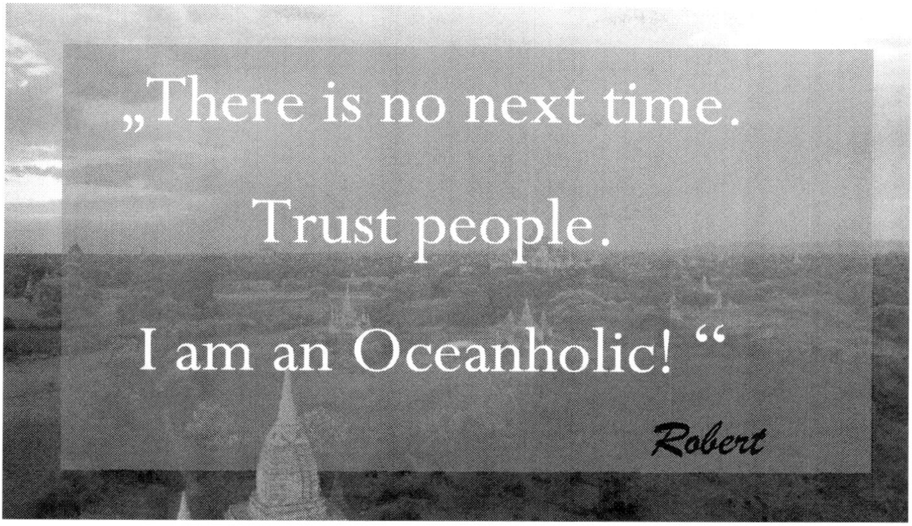

„There is no next time.

Trust people.

I am an Oceanholic! "

Robert

Anna (37) und Sebastian (34) kommen aus Berlin. Mit ihrer quirligen Hündin Lotta fahren sie in einem umgebauten Feuerwehrauto durch Europa.

Über ihre Reise schreiben sie auf ihrem Blog:

bombero-travel.com

Mit der Feuerwehr durch Europa

Wir, Bombero Travel, sind Anna und Sebastian und seit fast einem Jahr verheiratet. Wir haben bis zu unserer Abfahrt im Mai 2017 in Berlin gelebt. Unterwegs sind wir mit einer Mercedes Feuerwehr (LF16) aus dem Jahr 1986. Diese wurde eigenhändig über den Verlauf eines Jahres zu einem Wohnmobil umgebaut.

Die Reiseroute

Eigentlich wollten wir in einem Jahr durch ganz Europa fahren, erkannten jedoch schnell, dass für uns und unseren Wagen ein viel gemütlicheres Tempo passend ist. Daher waren wir bisher (mehr oder weniger lang) in: den **Niederlanden, Dänemark, Schweden, Norwegen, Finnland, Estland, Lettland, Litauen, Polen, Slowakei, Ungarn, Kroatien, Bosnien & Herzegowina, Montenegro** und sind derzeit in **Albanien**.

Weiter geht es vermutlich nach **Mazedonien, Griechenland, Bulgarien, Rumänien** und eventuell über **Serbien** nach **Slowenien**. Dann werden wir weitersehen! Die Route hat sich schon mehr als einmal geändert und so wird sicherlich auch in der Zukunft die ein oder andere Zufall die Pläne beeinflussen.

Wie es nach der Reise weitergeht wird sich schon finden

Wir gönnen uns beide eine komplette Auszeit von der Arbeitswelt.

Der Schritt hat etwas Mut erfordert, aber zeitlich ungebunden zu sein, gefällt uns gut und wir sind uns sicher, dass es nach der Reise irgendwie weitergehen wird. Vielleicht auf ungewöhnlicheren Wegen als bisher und sicherlich nicht ganz einfach zu Beginn, aber das ist uns die aktuelle Freiheit wert.

Über mehrere Monate haben die beiden den ersteigerte Feuerwehrwagen selbst ausgebaut.

Überflüssiger Krempel wurde verkauft

Wir finanzieren die Reise aus an verschiedensten Stellen und über einen längeren Zeitraum angespartem Geld. Einiges der Summe war nicht ursprünglich hierfür geplant, als aber klar wurde, dass wir die Reise machen wollen, floss alles zusammen in diesen Topf. Vor der Abreise haben wir auch noch mal alles, was wir nicht wirklich unbedingt behalten wollten, verkauft (online und ganz klassisch auf dem Flohmarkt). Bücher,

Möbel, Kleidung – unglaublich, was man über die Jahre ansammelt, worauf man gut verzichten kann! Unsere Wohnung ist vollständig möbliert und eingerichtet – erst einmal für ein Jahr – vermietet.

Es geht auch immer noch günstiger

Das einzuplanende Budget für eine solche Reise variiert immens von Land zu Land, das man bereist, von der Größe des Gefährts und hängt auch stark davon ab, wie einfach man sein Leben, die Verpflegung und den Alltag während der Reise gestaltet. Wir haben Menschen getroffen, die mit weniger als 400 Euro im Monat auskommen und damit sämtliche Kosten decken. Das halten wir für knapp, aber durchaus in vielen Ländern, selbst in Europa, machbar.

Unser Wagen benötigt etwa 20 Liter Diesel auf 100km, wir haben einige Versicherungen in Deutschland weiterlaufen lassen (ob wir das nochmal machen würden, ist eine andere Frage) und möchten in den Ländern einiges erkunden. Daher reisen wir – im Vergleich zu vielen anderen – auf wirklich großem Fuß. Monatlich benötigen wir für zwei Personen plus Hund durchschnittlich etwa 1000 Euro.

Man sollte nicht auf einen perfekten Zeitpunkt warten, denn den gibt es vielleicht niemals

Oft hört man „…wenn XYZ eintritt, dann mach ich auch so eine Reise." Aber Fakt ist nun mal, dass niemand weiß, ob es ein „dann" gibt. Warum warten? Die Welt ist wunderschön und es gibt so viel zu entdecken und zu lernen – das wollten wir unbedingt erleben und hatten ganz einfach keine Lust auf einen „perfekten Zeitpunkt" zu warten. Denn dann kann es gerne auch mal zu spät sein.

Die dreijährige Hündin Lotta hat sich schnell an das neue Leben unterwegs gewöhnt.

Erst musste noch der innere Schweinehund überzeugt werden

Neben den Sorgen von Familie und Freunden („Aber ihr braucht doch ein Einkommen! Ist denn das sicher? Und was kommt nach der Reise?") und dem eigenen Schweinehund (im Sinne von „Ach, eigentlich geht es uns doch gerade ganz gut hier!"), gab es unendlich viel zu regeln vor der Reise. Versicherungen, Steuern, Wohnung, Verträge und so weiter. Daran hat man ganz klar gemerkt, dass wir keine 20 mehr sind und sich vieles in unser Leben eingeschlichen hatte im Laufe der Jahre, „weil man das halt haben muss". Schrecklich! An der einen oder anderen Stelle wäre aufgeben tatsächlich einfacher gewesen.

Davon abgesehen war der ganze Ausbau des Wagens ebenfalls immens anstrengend. Sebastian war jeden Tag draußen, Anna nach einer vollen Arbeitswoche ebenfalls an den Samstagen und es gab tausende Entscheidungen zu treffen und ständig neue Probleme zu lösen. Schließlich hat man bei seinem ersten Aus-, beziehungsweise Umbau ja wenig Erfahrung, auf die man sich berufen kann.

Familie und Freunde haben uns tatkräftig unterstützt

An Reaktionen aus unserem Umfeld war alles dabei, aber wirklich häufig haben wir von Freunden und Bekannten gehört „Ach, das wollte ich auch schon immer machen!" Bei der Familie war es eher Sorge um die Zukunft und Sicherheit während der Reise.

Aber es gab auch sehr, sehr wertvolle und tatkräftige Unterstützung als Reaktion. Ohne diese wären wir sicherlich nicht da, wo wir jetzt mit dem Wagen und unserer Reise sind!

Am meisten auf der Reise beeindruckt hat uns...

... wie ähnlich die Menschen in Europa eigentlich doch sind. Klar gibt es deutliche Unterschiede, aber zu denken „die von dort, die sind so ganz anders" ist wirklich unsinnig. Am Ende finden sich so viele ähnliche Bedürfnisse, Sorgen und Wünsche. Da sollte viel mehr Austausch, besonders bei den jungen Menschen, stattfinden. Das würde die unnötige Angst vor den „ach so fremden" Kulturen schnell verschwinden lassen.

Die Natur hat uns ebenfalls immens beeindruckt. Berge, Seen, Meere, Schluchten, weites Land, Strände und Wälder. Wir haben all das fast direkt vor der Haustür! Reisen in Europa ist viel abwechslungsreicher, als gedacht. Leider erkennt man auch sehr schnell, wie beeindruckend schlecht wir mit dieser wunderschönen Natur umgehen – das war und ist immer wieder wirklich erschreckend.

In sechs Monaten ist uns nichts Schlimmes passiert

Schlechte Erfahrungen gab es zum Glück bisher (in fast sechs Monaten) recht wenig. Hier und da wird man bei einem Preis übers Ohr gehauen oder wundert sich über unhöfliche Antworten und grimmige Blicke. Wir kommen nun mal mit einem großen, lauten, deutschen Feuerwehrwagen um die Ecke gefahren – das gefällt vielen, aber eben nicht allen.

Als ob es Absicht wäre, kommt dann aber wieder eine besonders gute Erfahrung daher, die alles in gesunde Relationen setzt.

Es ist den Aufwand und das Geld definitiv wert

Reisen und die Vorbereitungen dazu sind sehr individuell und variieren daher vom Aufwand. Wir würden jedem raten, es einfach anzugehen und nicht aus Bequemlichkeit oder Sorge vor der Zukunft es immer wieder fallen zu lassen – alles findet seinen Weg und es geht immer irgendwie weiter. Reisen ist den Aufwand der Vorbereitungen und das ausgegebene Geld wert.

Unsere Tipps für's Reisen:

• Reise so, wie es dir am besten passt. Egal ob deine Freunde einen Bus empfehlen oder die Bahn – wenn du mit dem Rad los willst, dann mach' genau das!

• Reduziere Festkosten so gut wie nur irgendwie möglich – du wirst staunen, wie wenig man wirklich braucht.

• Mach dich so frei es nur geht – alles, was zeitliche Rahmen oder Verantwortungen in der Heimat diktiert, schränkt am Ende doch ein und du wirst dich darüber ärgern.

• Gib dir Zeit – es braucht ein wenig, um alles zu regeln, aber auch wenn es losgeht, ist man nicht gleich von 100 auf 0 entspannt. Gib dir und deinen Wegbegleitern Zeit einen neuen, für euch passenden Rhythmus zu finden!

• Lass dich von Bürokratie und Papierkram nicht entmutigen. – Es ist den Aufwand wert!

Weniger ist mehr

So eine Reise kostet Energie und Geld und beides muss wieder aufgetankt werden, aber wenn sich die Gelegenheit ergibt, ist das mit großer Sicherheit nicht unsere letzte Tour. Dafür war auch der Ausbau des Wagens zu aufwendig. Der muss noch ein paar Reisen genossen werden!

Viel würden wir beim nächsten Mal nicht anders machen. Außer: weniger einpacken, weniger hinterlassen und somit insgesamt Ballast abwerfen. Das und die Fixkosten sind etwas, was wir in Zukunft sicherlich anders angehen würden.

Reisen verändert die Sicht auf Vieles

Wir haben zuvor nicht so viel Zeit miteinander verbracht. Das verändert als Paar, verrückt Barrieren und zeigt knallhart, ob es miteinander funktioniert. Wir haben uns nach Anfangsschwierigkeiten richtig gut eingespielt, auch einige echte Herausforderungen gemeinsam gemeistert und das werden wir sicherlich über die Reise hinaus mitnehmen.

Der Umgang und der Schutz der Natur ist für uns noch weiter in den Blickpunkt gerückt. Es war uns beiden immer wichtig, aber die Plastikmüllberge in den Bergen, den Seen und vor allem am Meer, haben nochmals deutlich vor Augen geführt, dass uns das Thema echt am Herzen liegt.

Anna hat klar erkannt, dass eine klassische Karriere und Arbeit im ursprünglichen Bereich des Marketings sicherlich nicht mehr in der Zukunft verfolgt wird. Was stattdessen genau dann kommt, wird sich zeigen.

Wo es als nächstes hingeht? – Das entscheiden wir morgen

Wir schreiben diesen Text am Ohrid See in Albanien und werden noch zwei Wochen lang das Land weiter erkunden. Dann geht es für eine kurze Winterpause auf einen Hof in Griechenland und vermutlich, wie gesagt, dann nach Bulgarien und Rumänien – aber wer weiß das schon! Es ist herrlich, das jederzeit ändern zu können!

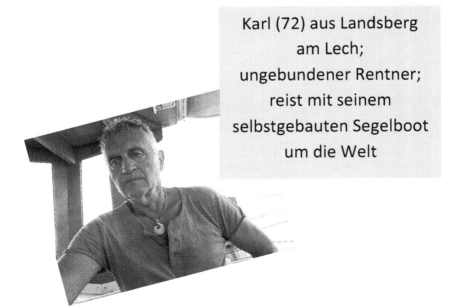

Karl (72) aus Landsberg am Lech; ungebundener Rentner; reist mit seinem selbstgebauten Segelboot um die Welt

Was will man mehr im Leben, als wahre Zufriedenheit

Ich bin Karl, 72 Jahre alt, aus Landsberg. Mit meiner selbstgebauten, 16 Meter langen Segelyacht „Indiansummer" segle ich seit etwa 15 Jahren durch die Weltmeere: zwei Jahre war ich in **Italien**, vier Jahre in **Slowenien** und **Kroatien**, ebenfalls vier Jahre in **Montenegro**, ein Jahr in **Albanien** und seit etwa viereinhalb Jahren bin ich in **griechischen Gewässern** unterwegs. Im nächsten Frühjahr möchte ich rund um den Peleponnes segeln und wenn es irgendwann wieder problemlos möglich ist, würde ich gerne noch in die **Türkei** und nach **Israel**. Zuhause in Landsberg habe ich noch ein kleines Appartement, in dem ich aber nur noch sehr selten bin; ich lebe auf meinem Boot.

Zufriedenheit und Gelassenheit ist mehr wert als viel Geld zu haben

Jetzt bin ich Rentner, doch früher habe ich als technischer Ingenieur gearbeitet und bin auf Frachtern in zehn Jahren zwei Mal um die Welt gefahren. – Einmal Seemann, immer Seemann eben. Durch meinen früheren Beruf kann ich fast alles an meinem Boot selbst reparieren und warten. Dadurch komme ich mit meiner Rente – trotz 18 Prozent Abzüge durch die Frühverrentung – sehr gut aus. Ich sehe das so, dass ich mir mit dem Geld, das ich weniger bekomme, Zeit für mich und meinen Traum gekauft habe. Mit etwa 500 Euro im Monat kann ich sehr gut leben. Es ist erstaunlich, wie wenig man braucht, wenn man gelassen und zufrieden ist.

Mit dem Leben auf der eigenen Yacht ging ein Traum in Erfüllung

Mein Traum war es, tatsächlich auf einem Schiff dauerhaft zu leben. Das größte Problem war hierbei das Schiff. Also habe ich nach einem Stahlrumpf gesucht und schließlich recht günstig einen bekommen. In meiner Freizeit habe ich dann über fünf Jahre die Segelyacht selbst auf- und ausgebaut. Im Nachhinein würde ich heute stattdessen lieber eine gebrauchte Yacht in gutem Zustand kaufen, um Zeit zu sparen.

Unvergessliche Erlebnisse und herzliche Menschen

Unterwegs lerne ich viele spannende Menschen und traumhafte Plätze kennen. Da ich regelmäßig an Orte zurückkomme, die mir besonders gut gefallen haben, kenne ich mich an den Küsten oft ganz gut aus und weiß, in welcher Bucht ich die besten Tavernen mit dem leckersten Fisch und den herzlichsten Besitzern finde, die mich noch von meinen vorigen Besuchen kennen. In all den Jahren auf See habe ich fast durchweg nur gute Erfahrungen gemacht; man entwickelt mit der Zeit auch ein gutes Gespür für Gefahr.

Mein beeindruckendstes Erlebnis war, als mich an einem sonnigen Tag etwa 40 Delfine stundenlang begleitet haben.

Für meinen Bruder wäre diese Art zu leben die pure Hölle, doch die übrige Familie und wirklich gute Freunde können meinen Entschluss verstehen und unterstützen mich darin. Ich würde mich immer wieder für dieses Leben entscheiden, denn ich habe eine tiefe Zufriedenheit gefunden und was will man schließlich mehr?

Karl

„Nichts auf später
verschieben! Wir haben nur
das eine Leben. "

Karl

Frührente

Die Frührente oder auch Altersteilzeit ist eine Möglichkeit, den Übergang vom Arbeitsleben zum Ruhestand fließend zu gestalten, oder aber einen frühzeitigen Ruhestand anzutreten.

Es gibt zwei mögliche Modelle: Zum einen die kontinuierliche Altersteilzeit, in der die reguläre Arbeitszeit um vierzig bis sechzig Prozent gekürzt wird. Man arbeitet also einen bestimmten Zeitraum nur noch in Teilzeit, bevor man dann ganz in Rente geht.

Die sehr viel beliebtere Variante ist aber inzwischen das Blockmodell. Der Zeitraum der Altersteilzeit wird hier in zwei gleich große Blöcke unterteilt, die im Grunde der Anspar- und Freistellungsphase beim Sabbatjahr entsprechen.

Das Wertguthaben

In der Ansparphase wird über einen bestimmten Zeitraum weiter in regulärer Arbeitszeit gearbeitet, aber ein Teil des Gehalts wird auf einem Wertguthaben angespart und verzinst. In der Freistellungsphase wird dieses Geld dann vom Arbeitgeber ausgezahlt, aber der Arbeitnehmer ist von seiner Arbeitsleistung entbunden.

Im Grunde handelt es sich um ein klassisches Teilzeitmodell, die Unterschiede liegen vor allem in den unterschiedlichen Anspruchsvoraussetzungen.

Sieben Jahre früher in Rente

Der gesamte Zeitraum der Altersteilzeit ist auf fünf Jahre beschränkt. Der frühestmögliche Zeitpunkt, um in Frührente zu gehen, ist sieben Jahre vor dem regulären Renteneintritt. Grundsätzlich können Männer ab dem 58. Und Frauen ab dem 53. Lebensjahr Altersteilzeit beantragen.

Übrigens: Ein Wertguthaben kann man auch mit dem Arbeitgeber vereinbaren, wenn man nicht vorhat, frühzeitig in den Ruhestand zu gehen. Wenn man also auf die Freistellungsphase verzichtet, kann das Wertguthaben einfach eine weitere Art der Altersvorsorge darstellen. – Oder eben eine Möglichkeit, Geld für eine lange Reise anzusparen.

Sandra (33) und Timo (36) aus Köln, seit acht Jahren zusammen und seit kurz vor Reisebeginn verheiratet.

Sandra ist beruflich im Trademarketing unterwegs und Timo war mehrere Jahre im Onlinebereich als Product Owner und Scrum Master tätig.

Über ihre Reise durch Süd- und Mittelamerika bloggen die beiden auf
bus-life.de

Es sind vor allem die menschlichen Begegnungen, die diese Reise unvergesslich machen

Kurz nachdem wir uns kennengelernt haben, hat sich schnell eine gemeinsame Leidenschaft zum Reisen und vor allem zum Reisen im eigenen Van entwickelt. Nach einem Kurztrip durch Holland mit dem geliehenen VW Bus von Freunden war schnell klar, ein eigener muss her. Kurz darauf fanden wir unseren VW Bulli (Baujahr 1988), mit dem wir schon so einige Urlaube in Europa erlebt haben. Seit November 2016 sind wir nun in **Süd- und Mittelamerika** unterwegs.

Die Reiseroute

Den Bulli haben wir bereits seit über sieben Jahren und bereisten schon so einige Länder mit ihm; darunter Österreich, die Schweiz, Holland, Belgien, Frankreich, Italien, Spanien, Kroatien und natürlich auch Deutschland. Halt alle Länder die gut in einem zwei- bis drei wöchigen Urlaub von Zuhause aus zu erreichen sind.

Irgendwann war uns das allerdings nicht mehr genug, es zog uns weiter raus in die Welt. Eine Fernreise mit Rucksack ist nicht so unser Ding, daher war schnell klar, das eigene Zuhause (unser Bulli) muss mit – nach Südamerika! Also haben wir den Bulli von Hamburg nach **Montevideo (Uruguay)** verschifft und sind zunächst nach **Argentinien** runtergefahren. Ans Ende der Welt: nach Feuerland und Ushuaia, den südlichsten

Der treue Bulli hat die beiden ohne größere Pannen schon bis ans Ende der Welt gebracht.

mit dem eigenen Auto zu befahrenen Teil der Erde. Von hier aus fuhren wir immer Richtung Norden, mehr oder weniger entlang der berühmten **Panamericana**. Über Argentinien, der Carretera Austral in **Chile**, mit einem kurzen Abstecher nach **Paraguay, Bolivien, Peru** und **Ecuador** ging es hoch bis nach **Kolumbien**. Dafür haben wir uns ein ganzes Jahr lang Zeit gelassen.

Nach Südamerika folgt bekanntlich Mittelamerika. Hier verschifften wir erneut unseren Bulli, da zwischen Kolumbien und Panama ein Stück Straße fehlt – das sogenannte Darién Gap, welches lediglich aus Dschungel besteht.

Was kommt als nächstes?

Unsere Route führt uns weiter über **Panama** nach **Costa Rica** sowie die kleineren Länder **Nicaragua, Honduras, El Salvador, Belize und Guatemala**, bis wir für eine längere Zeit vor allem **Mexiko** unsicher machen möchten. Danach soll es noch ein Stück in die USA gehen und voraussichtlich werden wir den Bulli von der Ostküste wieder nach Hause verschiffen, aber wer weiß das jetzt schon so genau.

Wie ist eure Jobsituation und wie habt ihr es angestellt, so lange unterwegs sein zu können?

Wir haben beide unsere unbefristeten Jobs gekündigt. Ein Sabbatical war für uns nicht möglich und zudem wollten wir auch die Freiheit genießen, dass das Ende unserer Reise von uns bestimmt werden kann. Was sich für uns als sehr wertvoll herausgestellt hat, denn aus ursprünglich einem geplanten Jahr, werden es jetzt mindestens 1,5 Jahre.

Was habt ihr mit eurer Wohnung gemacht?

Wir wohnen schon seit mehreren Jahren in einer Mietwohnung in Köln und sind mit der Wohnung und der Lage sehr zufrieden. Zudem ist der Mietpreis noch fair und wir alle wissen, wie schwer es ist in einer Großstadt eine bezahlbare Wohnung zu finden. Auf Grund dessen haben wir unsere Wohnung untervermietet, unsere persönlichen Dinge bei der Oma untergestellt und gute Freunde kümmern sich, falls der Untermieter Fragen oder Probleme hat.

Seit November 2016 sind die beiden mit ihrem Bulli in Süd- und Mittelamerika unterwegs.

Wie haben eure Familien und Freunde reagiert?

Unsere Familie und Freunde haben sich in erster Linie für uns gefreut, auch wenn die Eltern natürlich erstmal etwas beunruhigt waren. Doch WhatsApp und Skype sei Dank, ist man ohnehin überall weltweit verbunden.

Wie finanziert ihr die Reise?

Wir haben vor der Reise gespart und Sandra hat ein kleines Erbe erhalten. Anstatt das Geld anzulegen oder womöglich eine eigene Wohnung oder ein Haus zu kaufen (wofür das Erbe ohnehin nicht ausgereicht hätte), investieren wir in uns und unser Leben!

Wieviel Geld benötigt man für so eine Reise?

Das hängt natürlich sehr stark vom jeweiligen Land und den eigenen Vorstellungen ab. Die Kosten in Argentinien und Chile sind zum Beispiel mit Europa zu vergleichen, also eher etwas teurer. Bolivien und Peru dagegen sind im Vergleich extrem günstig. Hinzu kommt, ob man lieber selber kocht oder viel essen geht.

Wir haben für uns den Mittelweg gewählt und gönnen uns ab und zu ein einheimisches Essen oder halt eben das, worauf wir gerade Lust haben. Nach einem Jahr unterwegs im eigenen Van kommen wir zu zweit im Durchschnitt auf etwa 1800 Euro pro Monat. Darin sind die Kosten für die Verschiffung(en) und Flüge nicht enthalten.

Was hat euch motiviert das zu machen?

Bei uns kamen unterschiedliche Faktoren zusammen, die uns motiviert haben diese Reise zu unternehmen. Zum einen waren wir beide noch nie für eine längere Zeit im Ausland, zum anderen wollten wir aus dem Alltagstrott ausbrechen und unser Leben verändern. Gründe, warum jetzt nicht der richtige Zeitpunkt dafür ist, findet man dabei viele. Der ausschlaggebende Faktor, warum wir die Reise aber ausgerechnet dann doch gerade jetzt machen und nicht irgendwann in unserem Leben ist, dass Sandras Vater mit 61 Jahren von heute auf morgen verstorben ist. Das hat uns sehr bewusst gemacht, dass das Leben zu wertvoll ist, man Träume nicht aufschieben und jeden Tag genießen sollte.

Was war im Vorfeld die größte Hürde?

Die größte Hürde war die Entscheidung zu treffen: „Ja, wir machen das jetzt - WIRKLICH!" Denn damit stand für uns fest: wir kündigen unsere Jobs, wir müssen uns für eine längere Zeit von unserer Familie und den Freunden verabschieden (was uns dabei am schwersten gefallen ist) und wir geben unser gewohntes Umfeld und den Alltag auf.

Was hat euch bisher am meisten beeindruckt?

Auf der Reise am meisten beeindruckt hat uns die Herzlichkeit, Gastfreundlichkeit und Aufgeschlossenheit der Menschen, die uns begegnet sind. Sei es von den Einheimischen, die teilweise fragend vor oder auch in unserem Bulli standen, und denen wir erst einmal eine Führung geben mussten, da sie so etwas noch nie gesehen hatten. Oder uns an der Ampel stehend zu sich nach Hause eingeladen haben, uns ihre Lieblingsorte und atemberaubende Landschaften zeigten oder einfach nur mit uns quatschen wollten. Schlechte Erfahrungen haben wir überhaupt keine gemacht.

Aber auch die Bekanntschaften mit anderen Reisenden, denen wir unterwegs begegnen beeindruckt uns immer wieder. Wir freuen uns über jeden Austausch und darüber, tolle Momente mit anderen Menschen teilen zu können. Das Beste daran ist, dass aus flüchtigen Reisebekanntschaften mittlerweile richtige Freunde geworden sind. Es sind vor allem die menschlichen Begegnungen, die diese Reise zu dem machen, was sie für uns schon jetzt ist: eine unvergessliche Zeit!

Trefft ihr viele andere Langzeitreisende?

Ja, wir haben schon viele Reisende im eigenen Auto getroffen. Dabei sind die Gefährte meist genauso unterschiedlich wie ihre Besitzer. Wir trafen Reisende in Bullis, in Landrovern, in umgebauten LKW, in normalen Autos, einfach jeglichen Arten von Expeditionsmobilen. Einige von ihnen waren in unserem Alter und haben auch eine Auszeit, Sabbatical oder Elternzeit genommen und manche waren schon in wohlverdienter Rente. Auch die Reisedauer variierte – von drei Monaten über ein Jahr, bis hin zu acht Jahren oder einfach „Wir sind für immer unterwegs", gab es oft zur Antwort.

Jedes Land hatte bis jetzt einen Campingplatz, der von Europäern betrieben wird und wo sich die „Overlander Szene" zum gemeinsamen Austausch trifft. Manchmal sehen wir aber auch wochenlang keine anderen Reisenden und umso mehr freuen wir uns dann, wenn wir bereits bekannte Gesichter wiedersehen. Auch kam es vor, dass wir uns so gut mit anderen Reisenden verstanden haben, dass wir einfach eine Weile zusammen gereist sind und sich so eine Freundschaft entwickelte, die wir mit Sicherheit zuhause weiterführen werden.

Unterschied Reisen und Urlaub: Was macht für euch das Reisen aus?

Für uns ist die Definition von Urlaub auf einen bestimmten Zeitraum festgelegt und dauert maximal drei bis vier Wochen. Reisen jedoch ist frei von jeglichen Zeitvorgaben und fühlt sich für uns nach Selbstbestimmtheit an. Wir verfolgen keinen straffen Zeitplan und zählen nicht die Tage, bis wir wieder im Büro sein müssen. Reisen bedeutet für uns vor allem, flexibel zu sein und wenn es uns an einem Ort besonders gut gefällt, einfach länger bleiben zu können.

Auf der anderen Seite benötigen wir aber auch eine gewisse Disziplin, vor allem was unsere täglichen Ausgaben auf Reisen angeht. Das dies auch ein bedeutender Unterschied zu Urlaub ist, haben wir festgestellt, als wir Besuch von Freunden hatten. Wer Urlaub macht, gibt einfach viel mehr Geld aus als wir, die aktuell im Van leben. So wird unser Budget immer etwas strapaziert, denn man macht automatisch mehr Ausflüge und geht öfter auswärts essen. Aber natürlich freuen wir uns über jeden Besuch und sehen die Zeit dann einfach als Urlaub vom Reisen für uns an.

Auf Schotter oder Asphalt: der Weg ist das Ziel.

Wo schlaft ihr?

Hauptsächlich versuchen wir auf Campingplätzen und auf Parkplätzen von Hotels oder Hostels zu übernachten. Das hat den Vorteil, dass Sanitäranlagen zur Verfügung stehen und der Bulli einen sicheren Parkplatz für die Nacht, aber auch den Tag hat, falls wir unterwegs sind. Natürlich standen wir auch schon in Nationalparks, an einsamen Stränden oder mitten in der Natur mit traumhaften Kulissen.

Aber nicht immer ist „bus-life" so wie es auf zahlreichen Facebook und Instagram-Bildern vermittelt wird. Vor allem in Argentinien und Chile, wo die Entfernungen teilweise sehr weit sind, haben wir des Öfteren auf Tankstellen genächtigt. Dies ist kostenlos und oft gibt es sogar eine Dusche und WLAN dazu, aber das Ambiente ist halt nicht so romantisch wie man es sich von zuhause aus vorstellt.

Besonders das Wildcampen mussten wir erst lernen, da wir in Europa so gut wie immer auf Campingplätzen gestanden haben. Das hat uns schon einige schlaflose Nächte bereitet, denn bei jedem Passanten oder vorbeikommenden Auto denkt man direkt „Oh Gott, jetzt werden wir bestimmt gleich überfallen!" Mit der Zeit und der Erfahrung gewöhnten wir uns aber daran und entwickelten ein Gefühl dafür, wo wir uns sicher fühlen und wo lieber weiterfahren. Oft haben wir auch schon die Einheimischen oder die Polizei gefragt.

Auch die App iOverlander macht das Finden von Stellplätzen sehr einfach. Sie ist offline nutzbar und jeder Reisende kann hier seine Schlaf-/Stellplätze, Campingplätze, Tankstellen, Werkstätten, interessante Orte und vieles mehr eintragen. So schauen wir in die Empfehlungen anderer Reisender, suchen uns einen passenden Spot aus und fahren zu den angegebenen Koordinaten.

Was würdet ihr jemandem raten, der Ähnliches vorhat?

Macht es, am besten sofort! Natürlich muss die finanzielle Situation einigermaßen passen, doch auch mit niedrigeren Budgets kommt man gut voran. Zudem gibt es immer mal wieder die Möglichkeit unterwegs etwas zu arbeiten, Plattformen wie Workaway helfen einem da sicherlich schnell weiter.

Wenn man zudem überwiegend kostenlose Stellplätze wählt, auf lokalen Märkten einkauft und nicht jeden Abend Essen geht, kann man einiges einsparen.

Hat euch die Reise verändert?

Wir gehen schon davon aus, dass sich unser Alltag und unsere Sicht auf die Welt verändern wird. Das merken wir ja jetzt bereits. Wenn wir sehen wie zufrieden, hilfsbereit und freundlich die Menschen hier sind, macht uns das schon nachdenklich, ob wir die Probleme die wir in Deutschland teilweise haben, wirklich benötigen. Uns geht es prinzipiell sehr gut, doch realisieren wir das oft erst viel zu spät.

Grundsätzlich sind wir auch immer noch dieselben Menschen wie vor der Reise. Doch unsere Sicht auf die Welt und Einstellung zu einigen Dingen haben sich verändert, wobei verändert vielleicht das falsche Wort ist: weiterentwickelt trifft es besser!

Warum zum Beispiel behaupteten viele denen wir vor Reisebeginn von Südamerika erzählten, dass es überaus gefährlich dort sei, obwohl sie selber noch nie da waren? Selbst das deutsche Auswärtige Amt rät von gewissen Orten ab, weil irgendwann mal in einer dunklen Ecke jemandem etwas passiert ist, um das mal zu überspitzen. Manchmal bilden wir uns zu schnell aus der Ferne eine Meinung, ohne zu hinterfragen, wie es tatsächlich ist.

Was sich allerdings definitiv geändert hat, ist: unser Umweltbewusstsein! Was jetzt nicht heißen soll, dass wir bis dato nicht umweltbewusst gelebt haben. Wir werden allerdings ab sofort versuchen mit noch weniger Plastik/Kunststoff auszukommen.

Denn habt ihr schonmal gesehen, wie es an der Küste Perus aussieht? Oder beim Hinein- und Hinausfahren eines größeren Ortes? Was alles an Plastikmüll am Straßenrand liegt und vor allem vom Pazifik angespült wird? Wie viele Plastiktüten beim Einkauf verwendet werden?

Wir wollen also während der Reise und auch wenn wir wieder zuhause sind unser Konsumverhalten verändern. Auch haben wir jetzt schon gelernt mit viel weniger materialistischen Dingen zu leben und vermissen dabei nicht wirklich viel.

Würdet ihr sowas wieder machen?

Auf jeden Fall! Das war mit Sicherheit nicht die letzte längere Reise mit dem eigenen Camper. Soviel steht heute bereits fest! Die Welt ist groß und es gibt noch viel zu entdecken.

Was würdet ihr jetzt anders machen?

Es gibt wirklich nicht viel, was wir jetzt anders machen würden. Wir sind sehr zufrieden über die Wahl der Reiseländer, die gefahrene Route und unseres Reisemobils. Der Bulli macht super mit und bis jetzt mussten nur Verschleißerscheinungen wie zum Beispiel neue Bremsen, Reifen beseitigt und Ölwechsel gemacht werden.

Für die nächste Reise wollen wir gerne noch ein Solarpanel ergänzen, damit wir noch unabhängiger werden und nicht mehr so oft auf Strom aus der Steckdose angewiesen sind, um Smartphone und Laptop zu laden.

Da wir mittlerweile gelernt haben mit weniger auszukommen, werden wir in Zukunft definitiv viel weniger Klamotten einpacken und unnützen Kram zuhause lassen. Wir versuchen hier schon immer wieder Sachen auszusortieren und zu verschenken, die wir teilweise noch nicht einmal benutzt oder angezogen haben.

Wo geht es als nächstes hin?

Als nächstes geht es für uns erstmal wieder nach Hause. Aber es steht jetzt schon fest, dass dies nicht die letzte längere Reise gewesen ist.

Süd- und Mittelamerika waren ja auch „nur" unsere zweite Wahl. Ursprünglich wollten wir von Deutschland aus aufbrechen und über die Türkei, Pakistan, Nepal Richtung Singapur und von dort aus nach Australien verschiffen. Die Lage im mittleren Osten machte uns allerdings einen Strich durch die Rechnung. Die Route ist aber noch nicht vollends ad acta gelegt.

Außerdem haben wir Reisende getroffen, die mit dem eigenen Van in Südafrika waren. Aber auch in Europa haben wir noch längst nicht jede Ecke erkundet. Möglichkeiten gibt es viele und wir sind für alle offener denn je!

„Das Leben ist eine Reise, du weißt nie wann sie enden wird. Deshalb lebe im Hier und Jetzt und schiebe deine Träume nicht auf!"

„Weniger ist mehr!"

Sandra & Timo

Steffi (42) und Tim (42) aus Köln, waren mit ihrem damals dreijährigen Sohn Jonas und einem Campingbus für sechs Monate in Südamerika unterwegs.

Mehr über ihre Reise in ihrem Blog:
tresviajantes.com

Das Wissen, etwas sehr Außergewöhnliches gemacht zu haben, gibt uns Selbstzufriedenheit

Hallo Reisefreudige Leser! Wir sind Tim und Steffi (genauer gesagt Tim (42) und Steffi (42) und Jonas (6) und Tom (3) und Moritz (0). Wir kommen ursprünglich aus Norddeutschland, wohnen aber seit fast zwanzig Jahren in, beziehungsweise bei Köln.

Uns begeistert das Reisen und vor allem das „Selbst-Entdecken", daher sind wir meist auf eigene Faust mit dem PKW oder Wohnmobil unterwegs – je nachdem, in welcher Besetzung wir reisen (mit Kindern ist ein Wohnmobil immens praktisch, da Kinderzimmer, Wickeltisch und ein Vorratsschrank voller Lieblingsessen immer dabei sind) und je nachdem, welches Fahrzeug in der Region das tollste Reise-Erlebnis verspricht. In Südafrika gibt es zum Beispiel so tolle Lodges zum Übernachten, dass wir dort mit einem PKW unterwegs waren.

Doch ich schweife ab. Auf der Tour, um die es hier gehen soll – unsere sechs Monate durch Südamerika – waren wir zu dritt, mit unserem damals dreijährigen ersten Sohn, in einem größeren Campingbus unterwegs. Um ganz genau zu sein einem Pössl Roadmaster L auf Renault Master Basis.

Die Route durch Südamerika

Unsere Südamerika-Tour startete in **Buenos Aires**. Dann sind wir entgegen des Uhrzeigersinns durch **Nord-Argentinien, Bolivien, Peru, Chile** und wieder nach Argentinien gefahren, haben zwischendurch noch einen Abstecher zur **Osterinsel** unternommen und dann am Ende unsere Rundtour in **Uruguay** ausklingen lassen, bevor es von Buenos Aires wieder in die Heimat ging. Das waren dann 183 Tage und 27.671 Kilometer.

Elternzeit auf Reisen: intensiver geht nicht

Wir haben beide sieben Monate Elternzeit für diese Reise genommen. Es hat damals viel Zeit und Überlegungen gekostet, bis wir an dem Punkt waren es wirklich zu machen und mein Chef wollte mich eigentlich auch überreden, die Elternzeit doch bitte später zu nehmen. Eine wichtige Erkenntnis aus der Reise ist für mich aber: Man sollte das so früh und so konkret wie möglich machen, das vermeintlich günstigere „Später" ist der größte Verhinderer. Geschadet hat es der Karriere übrigens überhaupt nicht, nach sieben Monaten lagen in gleicher Position die gleichen Fragestellungen auf dem Schreibtisch, wie vorher.

Und nur der Vollständigkeit halber, weil das oft verwechselt wird: Wir hatten Elternzeit, also eine Job-Auszeit mit Rückkehrgarantie, aber kein Elterngeld. Die Reise war also komplett selbst finanziert. Und sollte sich eine ELTERNzeit nicht vor allem um das Kind drehen statt ums Reisen? Genau! Eine lange Reise ist die intensivste Zeit, die wir uns mit unserem Kind vorstellen können. – Sechs Monate lang jeden Tag 24 Stunden für einander da zu sein (und das auf 11qm WoMo) und einander zu erleben, war eine sehr tiefgehende

Erfahrung (ElternZEIT), die wir bei einer Elternzeit zuhause so vermutlich nicht gemacht hätten.

Sechs Monate zu dritt auf elf Quadratmetern zu leben, ist eine intensive Erfahrung.

Zwischenmiete über Zeitwohnagentur

Wir hatten eine Zeitwohnagentur eingeschaltet, die die Wohnung möbliert und zur Originalmiete vermieten sollte. Letztendlich hat das knapp vor unserer Abreise geklappt und wir konnten fünf der sechs Abwesenheitsmonate unsere Miete 1:1 an eine nette spanische Familie weitergeben. Mit dieser standen wir dann auch unterwegs sporadisch im Mailkontakt, wenn der Heizungshauptschalter nicht gefunden wurde oder die Kaffeemaschine den Dienst versagte. Die Untervermietung war natürlich mit der Hausverwaltung abgesprochen.

Der Bausparvertrag musste dran glauben

Bei uns gab es die Phasen Träumerei, ernsthafte Überlegung, Beschluss, konkrete Planung und Durchführung. Das waren insgesamt einige Jahre, also Zeit genug auch gezielt darauf zu sparen. Wir hatten nicht das Gefühl, in dieser Ansparphase auf viel zu verzichten, nur haben wir jetzt vielleicht den ein oder anderen Bausparvertrag weniger als andere.

Für jedes Land braucht man ein anderes Budget

Die Frage nach dem Tagesbudget ist immer spannend und da gibt es eine sehr weite Spannbreite an Möglichkeiten. In Bolivien kommt man mit etwas über 8 Euro für Essen und ein paar Liter Diesel schon durch (vorausgesetzt man zahlt den halboffiziellen Polizeikontrollen konsequent nicht ihr eingefordertes Schmiergeld). In Santiago de Chile, wo wir uns mal ein Hotel gegönnt haben, ist man eher mit 130 Euro dabei. Wir haben Reisende getroffen, die sich als Tageslimit 20 Euro gesetzt haben und dann zur Not eine Woche Toast gegessen haben. Das finde ich konsequent, wenn man sehr lange reisen will. Da wir von vorn herein fest sechs Monate als Zeitraum vor Augen hatten, haben wir uns da aber keine bestimmten Tageslimits gesetzt.

Die andere Frage ist, was man alles ins Tages- oder Monatsbudget reinrechnet. Wir haben unser WoMo extra für die Reise in Deutschland gekauft und dann nach Argentinien verschifft. Neben dem Kaufpreis schlägt da zum Beispiel die Verschiffung mit 4000 Euro zu Buche. Auch zuhause gibt es Kosten wie nicht kündbare Versicherungen, Ausstellung diverser Dokumente oder ähnliches.

Das feierliche Versprechen, es zu machen

Sowohl Steffi als auch ich haben einfach den Traum vom Reisen inne. Reisen, nicht im Sinne von „zwei Wochen die Sonne von Mallorca genießen", sondern im Sinne von „zeitlich und örtlich völlig ungebunden sein, drauf los zu fahren, zu entdecken, die Freiheit zu genießen, nur das zu tun, wozu man Lust hat, in den Tag hinein zu leben (beziehungsweise zu fahren), keine Verpflichtungen zu haben (außer zu tanken)."

Die Entscheidung, nicht nur davon zu träumen, sondern es wirklich zu tun, auch wenn das im ersten Moment ein organisatorisches und finanzielles Mammutprojekt zu sein scheint, war wohl die größte Hürde, die wir nehmen mussten. Wir haben uns viel informiert und in Zeiten des Internets kann man ja viele schöne Reiseprojekte mitverfolgen. Irgendwann wussten wir also: das geht. Auch mit Kind, auch mit Job. Steffi und ich haben uns dann eines Tages feierlich die Hand gegeben und uns versprochen, dass wir das tun. Dann haben wir allmählich den Zeitraum definiert, alles Mögliche organisiert, mit den Arbeitgebern gesprochen und die Eltern schonend eingeweiht.

Unterwegssein bedeutet Freiheit – egal wo

Wir sind beide Fans großartiger Natur. Da gibt es in Südamerika einiges zu bestaunen. Einen bestimmten Favoriten kann man gar nicht nennen – seien es die tosenden Wasserfälle bei Iguazu, die surreale Weite (und Weiße) des großen Salzsees Salar de Uyuni in Bolivien, die rätselhaften Moai Steinstatuen auf der Osterinsel, eine Begegnung mit jagenden Orcas an der argentinischen Küste oder das Bewusstsein in Ushuaia die südlichste Stadt der Welt erreicht zu haben. Diese Natur ist quasi das i-Tüpfelchen, denn eine Erkenntnis ist auch, dass es gar nicht so sehr darauf ankommt, wohin oder wie weit man reist, sondern dass das Unterwegssein an sich das Tolle ist. Das Freiheitsgefühl, das ungebunden sein. Die Erkenntnis, auf (rechnerisch) 11qm mit zwei Blechtöpfen und ein paar Büchern mindestens genauso glücklich zu sein wie im deutschen „Luxus", den man zuhause hat. Die Beobachtung des eigenen Kindes, wie es fernab von Großstadtlärm, Luftverschmutzung und Plastikspielzeug selig mit Stöcken oder Steinen durch die Natur wandelt.

Viel Spaß mit unseren Badelatschen

Vielleicht hatten wir einfach nur Glück, vielleicht zieht man das Glück aber auch an, wenn man positiv und offen durch die Welt zieht: die schlechteste Erfahrung, die wir gemacht haben war, dass wir einem bolivianischen Polizisten unberechtigt 30 Dollar ausgehändigt haben, statt einfach weiterzufahren (eine gesunde Dreistigkeit entwickelt man dann mit der Zeit). Und dass unsere Badelatschen am Strand geklaut wurden.

Das höchste Risiko besteht während der Verschiffung für Dinge, die im Fahrzeug liegen. Und da hatten wir mit entsprechenden Verschraubungen, Zusatzschlössern und Geheimverstecken vorgesorgt.

Anfängliche Bedenken wichen gemeinsamer Vorfreude

Bei Familien und Freunden haben wir uns mit unseren Reiseplänen bedeckt gehalten, bis es wirklich spruchreif war. Einige konnten sich glaube ich vorab trotzdem nicht vorstellen, dass wir wirklich fahren und was es bedeutet für sechs Monate das normale Leben auf den Kopf zu stellen. Unsere Eltern waren im ersten Moment verhalten und es wurden einige typische Bedenken formuliert („Ist das da überhaupt sicher?" „Was ist, wenn ihr krank werdet?" „Was ist, wenn Jonas das nicht gut mitmacht?", ...). Da wir glaube ich ganz gute Antworten hatten (krank werden kann man überall; meine Frau ist Ärztin; wenn es uns oder Jonas nicht gefällt, kommen wir einfach zurück), wichen diese Bedenken dann aber schnell einer gemeinsamen Vorfreude und Begeisterung.

Die südlichste Stadt der Erde, oder auch: das Ende der Welt.

Kulturschock im hektischen Deutschland

Als wir nach sechs Monaten wieder zurückkamen, gab es schon einen Rück-Kulturschock. Man sieht Deutschland mit anderen Augen. Alles so geordnet und sauber und zuverlässig. Aber auch so hektisch, so geschäftig, nie relaxt oder fröhlich. Letztlich ist man aber eben auch „deutsch" und erschreckend schnell wieder drin im alten System.

Das Wissen, etwas sehr Schönes gemacht zu haben, macht uns zufrieden

Als Familie war es eine wunderbare Erfahrung und den größten Teil dieses Schatzes realisiert man erst später. Es gibt immer wieder Situationen im Alltag, in denen wir an Momente auf der Reise denken und nochmal die Fotobücher rausholen. Unser inzwischen sechsjähriger Sohn erzählt immer noch von der Orca-Begegnung, zählt souverän sämtliche Unterarten von Walen oder Alpakas auf. Das Wissen, etwas sehr Schönes, etwas sehr Außergewöhnliches gemacht zu haben, gibt sicherlich viel Selbstzufriedenheit und Gelassenheit. Diese Reise- und Familienerfahrung mit sich zu tragen, macht glücklich.

Das Leben an sich, also Job, Lebensweise und so weiter, haben sich aber nicht grundlegend geändert. Es war eine besondere Reise, aber kein Ausstieg.

Träumerei-Phase für die nächste Reise läuft – auch mit drei Kindern

Mit inzwischen drei Kindern und Schulpflicht wird es nicht unbedingt einfacher, aber trotzdem: die Träumerei-Phase der nächsten Reise ist schon lange angelaufen! In der engeren Auswahl stehen Ziele wie Kanada, Neuseeland und Costa Rica.

Viel würden wir beim nächsten Mal nicht anders machen. Vielleicht versuchen, trotz meiner Planungs- und Organisationsvorliebe möglichst viel auf uns zukommen zu lassen und spontan zu regeln. Um bei Südamerika zu bleiben: Dort wird sowieso alles improvisiert und die Leute scheinen sehr entspannt und fröhlich damit zu sein.

Unser Rat? – Nur drei Worte …

Tu! Es! Jetzt! Mach dir immer klar: Das haben auch andere in vielleicht noch komplizierteren Konstellationen auch schon hinbekommen. „Später" ist nie besser.

„Man kann große Träume verwirklichen! Die gemeinsame Zeit ist – unabhängig vom Ort – eine wunderbare Erfahrung, die einem niemand je nehmen kann."

Steffi & Tim

Julia, 37 aus Köln, lebt zur Zeit in Lissabon. Zwischen ihren Projekten nimmt sie sich regelmäßig Auszeiten, um auf Reisen zu gehen.

Je weniger man erwartet, desto mehr bekommt man

Hi, mein Name ist Julia und ich bin 36, äh 37 Jahre alt. Wenn man viel auf Reisen ist, vergisst man manchmal das Alter, weil es einfach keine Rolle spielt. Irgendwie ist jeder gleich; mit demselben Ziel, nämlich das ultimative Reiseerlebnis zu erlangen, wie auch immer sich das definiert.

Geboren und aufgewachsen bin ich als rheinische Frohnatur in Köln, was schon mal eine gute Voraussetzung ist, um schnell neue Menschen kennenzulernen, vorausgesetzt die Menschen wollen das. Manchmal wollen die Menschen das eben nicht, wie zum Beispiel die meisten Schwaben mit denen ich die letzten sieben Jahre meines Lebens verbracht habe, in Stuttgart. Seit vier Monaten lebe ich in Lissabon. Cool, oder? Finde ich auch.

Reisefieber von der Oma geerbt

Das Reisen ist in unserer Familie irgendwie vererbt. Meine Oma liebte es mit meinem Opa zusammen auf dem Motorrad nach Italien zu fahren, im Gepäck ein Zelt und ein paar Unterhosen. Später, im Alter, trieb sie sich auf den Meeren dieser Welt rum und es gibt kaum einen Ort auf dieser Erde den sie noch nicht gesehen hat. Meine Mutter hingegen bevorzugt den Cluburlaub und zum Leidwesen meines Freundes bin ich eher der klassische Rucksack-Touri. Wenn ich eine längere Auszeit nehme, dann am liebsten ohne Plan, Route oder Erwartungshaltung. Mein berufliches Leben besteht aus strategischen Planungen, Meilensteinen, Forecasts und jeder Menge Meetings. Klingt nach Stress? Ja, das ist es auch und daher möchte ich mich in meinen Auszeiten einfach nur treiben lassen, ohne Plan, ohne Druck. Dabei buche ich meistens einen Flug in das „Anfangsland" meiner Wahl, mit einer ersten Übernachtung und entscheide dann spontan ob es zu Fuß, mit dem Bus, der Bahn, dem Flieger, Schiff oder auch dem Daumenexpress weitergeht.

Bleibt nur noch Antarktika zu entdecken

Da ich vor laaaaanger, langer Zeit mal eine Ausbildung zur Reiseverkehrskauffrau gemacht habe, hatte ich schon in meinen jungen Jahren das Glück, für wenig Geld in die Ferne reisen zu können. Daher habe ich schon viele tolle Länder und Orte gesehen. An Kontinenten kann ich an der Stelle nur Antarktika als noch nicht bereisten Kontinent nennen. Während meiner letzten Auszeit von 3,5 Monaten war ich in Malaysia, Australien, Fiji und dann noch spontan auf der Südinsel von Neuseeland.

Regelmäßige Auszeiten für mehr Energie und Selbstbewusstsein

Eine wirklich klassische Auszeit im Sinne von Sabbatical oder gleich alle Zelte abbrechen und kündigen habe ich nie genommen. Als Projektmanagerin habe ich immer das Glück (andere würden Pech sagen), dass meine Aufgabe ein kalkuliertes Ende hat. Ist ein Projekt abgeschlossen, suche ich oder mein Arbeitgeber ein neues. Das ermöglicht es mir, in den Zeiten zwischen den Projekten zu reisen, manchmal nur für ein bis zwei Monate, manchmal sogar für sechs Monate.

Die Idee, mir zwischen den Projekten und/oder neuen Herausforderungen eine Auszeit zu nehmen, kam eher durch einen unschönen Zufall zu Stande. Nachdem mein damaliger Arbeitgeber, ein Consulting-Unternehmen, meine Position wegrationalisierte, bekam ich einen Aufhebungsvertrag angeboten. Für mich war das erst mal ein Schlag ins Gesicht und nach willenloser Aufopferung, einem 24/7 Job ohne Privatleben, auch eine totale Überforderung mit der Situation klarzukommen. Nach einigen Wochen „Tränen trocknen" machte ich mich aber mit meinem Rucksack auf den Weg und kam nach vier Monaten mit jeder Menge Energie und Selbstbewusstsein zurück.

Diese Energie konnte ich hervorragend einsetzten, um an meiner Karriere zu arbeiten und so kam ich zu der Erkenntnis, dass ich, um wachsen zu können, genau solche Auszeiten benötige. Also beschloss ich Gelegenheiten zu finden, um „Reisepausen" zu nehmen und wieder Energie für die nächsten Schritte zu tanken. Wann immer ein Projekt sich dem Ende nähert, vereinbare ich entweder mit meinem Arbeitgeber eine unbezahlte Auszeit oder ich nehme die Auszeit zwischen einem Arbeitgeberwechsel; beides finanziere ich mit Erspartem. Das geht hervorragend, wenn man für ein Consultingunternehmen oder Dienstleister arbeitet, die ihrerseits kein Interesse haben, dich zu finanzieren, wenn du kein bezahltes Kundenprojekt hast. Eine Pause zwischen den Projekten schafft für den Arbeitgeber Raum und Zeit für Akquise und spart dem Unternehmen jede Menge Geld.

Julia

Durch Kontakte auf der ganzen Welt, habe ich schon Orte gesehen, die man als Touri normalerweise nicht sieht.

An vielen Orten auf der Welt gibt es immer eine Couch für mich

Meistens habe ich schon Monate vorher eine Idee wo und wie lange ich verreisen möchte. Durch meine berufliche Tätigkeit habe ich internationale Kontakte, die ich in meine Reiseplanung mit einbinde. Das hat den Vorteil, dass man nicht auf irgendwelche Touri-Fallen reinfällt, denn das kann selbst dem erfahrensten Backpacker passieren und kostet natürlich unnötig. Dadurch spare ich Geld und habe schon Orte gesehen, die man sicherlich sonst als Fremder im Land nie sehen würde. Und nicht zu vergessen, es steht immer eine Couch bereit.

Trotzdem kostet auch eine solche Reise Geld, das ich über die Jahre hinweg monatlich spare. Ich kalkuliere immer Flug und etwa 50-100 Euro am Tag für Essen, Ausflüge und übernachten ein. Dabei schlafe ich meistens in Hostels oder eben auf der Couch oder auch mal unter dem Sternenhimmel. Erfahrungsgemäß kosten aber stark bereiste Länder wie Neuseeland oder Australien mehr, Südamerika oder auch Europa besonders der Osten sind weitaus günstiger. Daher recherchiere ich vorher immer bei Freunden oder im Internet.

Geht nicht gibt es nicht

Bevor ich zum ersten Mal alleine losgezogen bin, war meine größte Sorge die Ungewissheit: was passiert wenn ich mich nicht wohl fühle, wenn ich alleine bin, ich ein Problem habe, aber keiner da ist, der mir helfen kann? Meiner Erfahrung nach ist die größte Hürde im Kopf, denn geht nicht gibt es nicht. Die Angst vor dem Ungewissen hemmt einen oft, die nächsten Schritte im Leben zu gehen und auch mal ein Risiko einzugehen. Ich bereue keine einzige Entscheidung und keine Sekunde, die ich in der Ferne verbracht habe.

Bei meinen ersten Reisen alleine habe ich anfangs oft viele Kompromisse gemacht, habe mich Menschen auf ihren Reisen angeschlossen, ohne meine eigenen Wünsche zu verfolgen, nur um nicht allein zu sein. Bin der Masse zu Ausflugszielen oder Aktivitäten gefolgt, ohne dass ich wirklich Lust darauf hatte und bin somit durch meine Reise gehetzt, gejagt, ohne meine Augen zu öffnen.

Mittlerweile weiß ich, dass man manchmal allein sein muss, um die wertvollen Momente im Leben genießen zu können, um die Seele und die Augen für das Wunder zu öffnen. Klingt irgendwie spirituell und abgehoben? Ist es auch irgendwie. Ich werde nie vergessen wie ich in einer klaren Nacht in Neuseeland vor dem Hostel gesessen habe, weil drei von acht

Zimmernachbarn sich zu einem Schnarchkonzert verabredet hatten (ja, das gehört auch dazu). Ängstlich in der Dunkelheit, aber voller Neugierde, machte ich mich alleine auf den Weg zum Strand, ich wollte die volle Sternenpracht in absoluter Dunkelheit genießen. Auf dem Weg begegnete ich einem Mädchen, das ebenfalls zum Strand wollte. Zu meinem Glück war Sie Sternenforscherin – unfassbar cool! – und konnte mir die Sternenbilder erklären. Wir lagen auf dem Kieselstrand und blickten in die unendliche Weite des Meeres und des Himmels, zwei Menschen so fremd und trotzdem verbunden im Moment. Das ist für mich die wahre Seele des Reisens: der Moment der Überraschung, der einem trotz geringer oder keiner Erwartungshaltung so viel Wertvolles schenkt.

Je weniger ich brauchte, umso mehr bekam ich

Das klingt vielleicht jetzt abgehoben, aber wenn ich mich frage, was mich auf meinen Reisen am meisten beeindruckt hat, war das wohl ich selbst und mein Verhalten. Aus der schnelllebigen Konsumgesellschaft kommend, habe ich bereits in den ersten zwei Wochen gemerkt, wie wenig ich zum Leben brauche. Und je weniger ich benötigte, umso mehr bekam ich: mehr schöne Momente von denen ich heute noch profitiere, mit fremden Menschen, die zu Freunden und Reisebegleitern wurden. Menschen, mit denen ich sonst nie in Kontakt gekommen wäre, die mir andere Perspektiven im Leben aufzeigten und plötzlich veränderte sich dadurch eben genau das, meine Perspektive zu Geld, Erfolg und vielem mehr.

Diese wundervolle Erkenntnis im Leben, der Perspektivwechsel, hat mir geholfen die Herausforderungen im Alltag anders zu betrachten. Vielleicht ist das einer der

Gründe, warum ich so erfolgreich bin, weil ich weiß, dass es wichtigere Dinge im Leben gibt. Trotzdem passiert es mir heute noch, dass ich zurück in den Strudel gerate, aber spätestens dann weiß ich: Julia es ist mal wieder Zeit für eine Auszeit! Als nächstes stehen Kirgistan, China und Japan auf dem Plan.

„Die Grenze für deine Entscheidung ist im Kopf,

alles ist möglich,

wenn man es nur will!"

Julia

Jessica und Jonatan, beide 31 Jahre alt, aus Köln, seit etwa zweieinhalb Jahren ein Paar, sind über ein Jahr durch die Welt gereist.

Über ihre Reise schreiben sie auf ihrem Blog: **via-away.com**

Das Leben einfach nicht mehr so ernst nehmen

386 Tage ließen wir es uns als Rucksacktouristen auf der Welt gutgehen. Dabei nutzten wir unterschiedliche Fortbewegungsmittel: In Neuseeland hatten wir sechs Wochen einen Campervan, den Rest der Zeit sind wir getrampt. In Thailand, Myanmar, Laos und Vietnam sind wir vornehmlich, wie es sich gehört mit dem Bus gefahren; gelegentlich hat es sich aber auch gelohnt, bestimmte Strecken zu fliegen. In Japan hatten wir für zwei Wochen den Railpass, der es uns erlaubte, kostenlos den Shinkansen (einen japanischen Hochgeschwindigkeitszug) zu nutzen.

Die teuren Transportkosten führten auf die Dauer allerdings dazu, dass wir auch hier die meiste Zeit getrampt sind, was eine der besten Entscheidungen überhaupt war. Den Rest der Reisezeit in Lateinamerika sind wir so gut wie immer mit dem Bus gefahren, hier und da mal getrampt, ab und zu haben wir auch den Flieger genommen.

Die Route

Unsere Route führte uns zwei Wochen durch die **Fijis**, zwei Monate durch **Neuseeland**, je einen Monat durch **Thailand, Myanmar, Laos** und zwei Wochen durch **Vietnam**. Von hier ging es weiter für zwei Monate nach **Japan**, zweieinhalb Wochen **Mexiko**, sechs Wochen **Guatemala**, vier Wochen **Kolumbien**, zwei Wochen **Ecuador** und zweieinhalb Wochen **Peru**, bevor wir im Oktober ins kalte Deutschland zurückkamen.

Mehrere Jobs gleichzeitig – nicht unbedingt zu empfehlen

Ich habe kurz vor der Reise mein Studium des klassischen Gesangs abgeschlossen und war dadurch noch ungebunden. Statt eines festen Jobs habe ich dann mehrere kleine Jobs angenommen, um die Reise zu finanzieren; das war eine ziemlich anstrengende Zeit. Die fast komplette Auflösung des Hausstandes brachte auch noch eine Menge Geld ein und außerdem haben wir an ein paar bezahlten Studien teilgenommen.

Jessi ist Heilpädagogin und war bis zum Anfang der Reise als Einzelfallhelferin im ambulanten Bereich angestellt. Für sie war das Thema Job also deutlich entspannter. Ein Wiedereinstieg in diesen Bereich stellt sie sich nicht allzu schwierig vor, allerdings möchte sie sich auf Dauer weiterbilden.

Nach der Reise wollten wir nicht wieder zurück in die laute Stadt

Da der Vermieter mit dem Untervermieten nicht einverstanden war, haben wir kurzerhand unsere Wohnung gekündigt. Das kam uns rückblickend auf lange Sicht sehr entgegen, da wir sowieso aus dem zentralen Köln raus und nach der Reise auch nicht wieder zurück ins laute Stadtzentrum wollten. Inzwischen leben wir naturnah am Stadtrand.

In Südostasien reichen 750 Euro monatlich zum Leben

Die Ausgaben für so eine Weltreise sind stark länderabhängig. In Neuseeland kommt man prima mit 1200 Euro im Monat aus, wenn man das gekaufte Auto wieder gut verkauft bekommt. In Südostasien und in Lateinamerika reichen auch 750 Euro oder sogar weniger. Japan ist extrem teuer. Selbst wenn man regelmäßig trampt, sollte man hier etwa 1500 Euro einplanen. Insgesamt – und inklusive Flügen – haben wir für ein Jahr um die Welt jeweils etwa 15.000 Euro ausgegeben. Das geht ganz bestimmt auch günstiger, wir haben es uns oft auch sehr gut gehen lassen.

Man sollte sich unbedingt auch beim Reisen Auszeiten gönnen, um alle Erlebnisse zu verarbeiten.

Umbruchphase war eine gute Gelegenheit

Viele Menschen träumen von einer Reise. Der sichere Arbeitsplatz, die Wohnung, die Familie und Freunde und die Angst vor dem Ungewissen halten einen jedoch oft davon ab. Das direkte Erleben vor Ort, der Wunsch nach einer gewissen Zeitlosigkeit, die Konfrontation mit der reinen Stille in der Natur und das Begegnen der unterschiedlichsten Völker haben uns allerdings sagen lassen: „Ja, wir machen das!" Ich hatte gerade mein Studium abgeschlossen, Jessica wollte sich nach Möglichkeit nach der Reise fortbilden. Somit befand sich unser Leben sowieso gerade im Umbruch. Außerdem steht bald Familienplanung an, von daher werden Langzeitreisen eher schwieriger werden.

Der ganze Kopf ist voller „Abers"

Die schwierigsten Hürden, die es vor so einer Reise zu nehmen gilt, sind mentaler Natur. Der ganze Kopf ist voller Abers! Der Job, das Nicht-Einzahlen in die Rentenkasse, das Aufgeben so vieler Sicherheiten. Unser Rat: Augen zu und durch. Und sich immer wieder in Erinnerung rufen, wofür man das alles macht. Against all odds die Sache eben doch einfach machen!

Rohes Entenblut mit Rattenstew

Im Gesamtpaket war wohl das beeindruckendste Neuseeland, mit der unglaublichen landschaftlichen Vielfalt, den wahnsinnig freundlichen Kiwis und dem mild-europäischen Klima. Absolut wundervoll. Aber unzählige andere Beispiele kommen uns in den Sinn, wie das türkisfarbene Meer in Tulum, Mexico oder die Wale und Delfine bei Montanitas in Ecuador. Auch zu erwähnen ist ein Homestay in einem noch extrem unberührten Dorf der Khmu in Nordlaos, in welchem wir rohes Entenblut mit gebratener Entenleber und Rattenstew (!) essen durften.

Gesundheitliche Probleme und Heimweh

Ein paar negative Erlebnisse hatten wir leider auch, das gehört wohl dazu. Schlecht aufgewärmtes Essen in Lateinamerika führte bei mir zu zwei Lebensmittelvergiftungen, Jessi hat auch in Myanmar eine mitgenommen. Auf den Fijis hatte ich eine recht starke Blutvergiftung. Dazu kam immer mal wieder Heimweh, wenn wir krank waren und alles drumherum nervte.

Einfach mal treiben lassen

Es geht nicht darum, so viele Eindrücke wie möglich zu sammeln! Nehmt euch Zeit, vergesst den Zeitplan und lasst euch einfach treiben. Wenn ihr das Gefühl habt, bleiben zu wollen, bleibt! Auch wenn es sein kann, dass ihr Machu Picchu, den Fuji oder die Shewdagon-Pagode verpassen werdet. Viel wichtiger ist, dass ihr die ganze Zeit bei euch bleibt. Das ist eure Reise! Ihr müsst niemandem etwas beweisen, erst recht nicht den ganzen Instagram-Hipstern, die vor lauter Selfie-Flut den ursprünglichen und losgebundenen Gedanken vom Reisen verloren haben.

Einige Freunde haben es uns nachgemacht

Die Reaktionen auf unsere Reisepläne im Freundes- und Familienkreis waren Stillschweigen, ganz viele Abers von unseren Eltern, aber keine Ablehnung. In erster Linie haben uns alle darin bestärkt, auch wenn das bedeutete, dass man sich eine längere Zeit nicht sieht. Natürlich waren viele verständlicherweise auch ein bisschen neidisch, andere haben es uns einfach nachgetan und uns in Vietnam, Thailand oder auch in Japan besucht.

Wir wissen jetzt eher, was wir wollen

Wir sind zwar erst ein paar Wochen wieder Zuhause, würden aber doch schon sagen, dass wir jetzt etwas anders an die Dinge rangehen. Wir haben uns zum Beispiel vorgenommen, viele neue Dinge zu wagen, wir fühlen uns freier und ungebundener und wissen auch klarer was wir im Leben wollen. Zum Beispiel wollen wir beide nur noch in Teilzeit arbeiten und können uns auch eine Teilselbstständigkeit vorstellen.

Wir haben auf jeden Fall auch unser Konsumverhalten überdacht, dadurch dass wir so viel Müll gesehen haben, der die wunderschöne Natur zerstört. Was wir kaufen wird jetzt sehr viel genauer unter die Lupe genommen. Wir sind bescheidener geworden, denn was brauchen wir schon zum Leben, wenn wir Liebe, ein Dach über dem Kopf und was Gutes zu essen haben? Unser neues Motto lautet: Dankbar sein und das ganze Leben nicht so unglaublich ernst nehmen.

Eindrücke brauchen Zeit, um verarbeitet zu werden

Wenn wir das nächste Mal auf Reisen gehen (wir wollen gerne unter anderem noch nach Indien, Sri Lanka und Afrika), dann nicht wieder so lange. 13 Monate reisen sind wirklich eine dicke Nummer. Nicht wegen Heimweh oder Geld, sondern wegen der unglaublich vielen Eindrücke, die wir gesammelt haben und keine Zeit hatten, diese zu verarbeiten. Lieber reisen wir jetzt drei bis sechs Monate und dafür dann häufiger. Insgesamt würden wir alles etwas langsamer angehen.

Ramona (38) und Uli (37) aus Köln; beide freiberufliche Onliner; unterwegs mit Hund und Wohnmobil durch Europa

Ihr Abenteuer könnt Ihr mitverfolgen auf
wenn-nicht-jetzt.de

Die beste Entscheidung unseres Lebens

Wir sind Ramona und Uli aus Köln und reisen, zusammen mit unserem Hund Pepito, im Wohnmobil durch Europa. Gestartet sind wir im Juni mit der großen Nordtour: **Dänemark, Schweden, Norwegen**, bis hoch zum Nordkap. Von hier ging es weiter über **Finnland, Estland, Lettland, Litauen**, einer Stippvisite in **Polen** und dann auf direktem Weg runter nach **Griechenland**. Auf dem Peleponnes verbringen wir den Winter, um den Frühling dann durch Italien zu bummeln und anschließend mal schauen, wohin es uns treibt.

Warum geht man auf so eine Reise?

Diese Frage stellen wir uns nach wie vor oft: Was motiviert Menschen, sowas zu tun und warum machen WIR das eigentlich? Vermutlich kommen – wie so oft im Leben – hier mehrere Dinge zusammen.

Vor zwei Jahren ist ein sehr enger Freund von uns plötzlich an Krebs gestorben. Das hat damals den ganzen Freundeskreis schwer erschüttert und jeden Einzelnen zum Nachdenken gebracht. Als wären wir alle dadurch wachgerüttelt worden, haben wir unser Leben unter dem Gesichtspunkt betrachtet: Was, wenn es gleich vorbei ist und das was jetzt ist, war dann alles? – Wäre ich zufrieden mit meinem Leben gewesen? Die Antwort war bei den meisten wohl Nein, denn kurz darauf gab es viele grundlegende Veränderungen. Jobs wurden gekündigt, Beziehungen beendet, Kinder gezeugt, Hochzeiten geplant.

Erst da haben wir festgestellt, dass wir ein Leben führten, dass wir so eigentlich gar nicht (mehr) wollten oder zumindest einzelne Bereiche nicht mehr stimmten. Wenn solche Gedanken einmal in Gang gesetzt werden, sind sie kaum noch zu stoppen. Jeder Lebensbereich wird unter die Lupe genommen und genau überprüft und dann führt eins zum anderen. Uli hat kurz darauf seinen Job gekündigt und sich selbstständig gemacht.

Uli: „Ich habe einfach festgestellt, dass das Leben zu kurz und meine Zeit zu wertvoll ist, um sie für etwas zu verplempern, dass mir sinnlos erscheint und mir nichts gibt."
Ramona: „Bei mir war es erst das Privatleben, das vollkommen auf den Kopf gestellt wurde und später dann ebenfalls die berufliche Neuausrichtung."

Die Idee zu dieser Reise

Die Idee zu einer längeren Reise hatten wir beide unabhängig voneinander.
Ramona: „Nachdem ich den Sprung in die Selbstständigkeit gewagt hatte, lag es für mich nahe, mir den Traum vom Reisen endlich zu erfüllen, denn jetzt konnte ich von überall arbeiten."
Uli: „Ich war selbstständig, ungebunden und hatte ein bisschen was gespart – einen besseren Zeitpunkt für so ein Abenteuer würde es wohl nie mehr geben."

Wir sind seit vielen Jahren Freunde und eine Weile waren wir auch Kollegen. Doch hatten wir uns schon einige Zeit nicht mehr gesehen, als wir uns im März wiedertrafen und feststellten, dass wir die gleiche Idee hatten. Wir sind dann in Kontakt geblieben und haben uns über Reiseideen ausgetauscht, bis wir schließlich beschlossen, uns gemeinsam auf dieses Abenteuer einzulassen.

Natürlich musste ja auch der Hund mitkommen können und damit war Fliegen schonmal raus. Pepito liebt allerdings das Autofahren sehr und so lag es nahe, mit einem Bus oder Wohnmobil zu reisen. Überhaupt hatten wir beide noch nicht viel von Europa gesehen und fanden die Idee toll, einfach loszufahren und die Nachbarländer zu erkunden.

Unser neues Heim auf neun Quadratmetern

Für das Wohnmobil haben wir uns schließlich entschieden, weil wir bei der Reiseplanung schnell auf ein ganzes Jahr kamen, was man mindestens für die Tour braucht, die wir vorhatten. Ein ganzes Jahr lang bei jedem Wetter in einem Bus wohnen und arbeiten – da wollten wir doch einigermaßen Platz haben. Zu groß sollte es aber auch wieder nicht sein, denn wir wollten ja möglichst flexibel bleiben, um auch überall hinkommen zu können. So fanden wir schließlich zu unserem geräumigen und doch kompakten Knaus Sport Traveller.

Mit einem Blick aufs Meer den Tag zu beginnen ist schon ein großartiger Luxus.

Leinen los und alles auf Neuanfang

Uli: „Mir war sofort klar, dass ich meine Wohnung aufgeben werde. Schon vorher hatte ich das Gefühl, es wird Zeit für etwas Neues, vielleicht auch eine neue Stadt. Die Idee zu so einer Reise schwirrte mir schon sehr lange im Kopf rum, aber bis dahin hatte ich irgendwie nicht die Energie oder auch den Mut und vor allem niemand, mit dem zusammen ich mir so ein Abenteuer vorstellen konnte. Als dann alles passte und der Entschluss zu der Reise feststand, war das für mich ein Zeichen, dass es Zeit wurde für Veränderung."

Ramona: „Ursprünglich wollte ich meine Wohnung behalten und untervermieten. Ich hatte mich nach einer langen Krisenzeit gerade wieder berappelt und hübsch eingerichtet in meinem Leben, eigentlich war alles ziemlich schön. Aber dann wurde mir klar, dass ich gar keine Vorstellung davon hatte, in welche Richtung mein Leben denn jetzt eigentlich gehen soll und dass es da ja möglicherweise auch noch andere Wege gibt, die ich noch nicht kenne und die mir vielleicht besser gefallen. Außerdem ist man immer noch an das alte Zuhause gebunden, wenn man die Wohnung untervermietet, ich wollte aber frei sein. – Auch dafür, mich gegen eine Rückkehr nach Köln und für ein neues Zuhause entscheiden zu können. Es war Zeit für ein neues Kapitel in meinem Leben. "

Das Leben entrümpeln und in Kisten packen

Also haben wir Nachmieter gesucht, unsere Autos verkauft und angefangen auszumisten und unser Leben in Kisten zu packen.

Ramona: „Der ganze Krempel in meiner Wohnung wurde in meinen Augen plötzlich zu Ballast. All diese Bücher,

Klamotten, CDs, die ich seit vielen Jahren von einer Wohnung in die nächste geschleppt habe – das war ich doch gar nicht mehr, das gehörte alles zu einer vergangenen Ramona."

Uli: „Ich miste schon immer regelmäßig aus, trotzdem habe ich in meinem Schrank noch unnützen Kram gefunden wie ein Drybag – mit einem Loch .... Auch Bücher und vor allem Klamotten wurden radikal ausgemistet. Das Meiste trägt man doch eh nicht mehr."

Also weg mit dem Zeug: vieles verkauft, das meiste verschenkt, den Rest in Kisten gepackt und bei Eltern und Freunden untergestellt. Gleichzeitig alle Abos und Mitgliedschaften gekündigt, rausgefunden, wie das mit der Versicherung im Ausland läuft und ein Wohnmobil gesucht und umgebaut. Dann konnte es losgehen! Im März hatten wir die Idee und genau 100 Tage später waren wir schon auf der Piste.

An Freiheit muss man sich erst gewöhnen

Ramona: „Ich erinnere mich an meinen ersten Tag der Selbstständigkeit, ein Tag, von dem ich dachte, er würde eine einzige Party. Tatsächlich machte ich an diesem Morgen die Augen auf und mein erster Gedanke war: „Bist du denn total wahnsinnig?! Was zur Hölle hat dich denn bitte geritten, deinen sicheren Job aufzugeben?!" Dann musste ich mich übergeben und saß schließlich mit Schnappatmung, heulend auf meinem Küchenboden, bis eine Freundin anrief und mich einigermaßen beruhigen konnte."

An Freiheit müssen wir uns erst gewöhnen, egal ob es dabei um den Sprung in die Selbstständigkeit, eine Trennung, eine große Reise oder irgendeinen anderen Neuanfang geht. Haben wir aber einmal begriffen, wie das Prinzip funktioniert, bekommen wir gar nicht mehr genug davon. Am Anfang ist es wie freier Fall und man gerät in Panik. Aber mit der Zeit lernt man, wie in einem Traum in dem man fällt, ihn zu beeinflussen und zu lenken, um schließlich fliegen zu können. Und wenn wir das rausgefunden haben, gibt es kein Zurück mehr, wir wollen unsere Grenzen ausloten und plötzlich scheint alles möglich. Daher erforderte der Entschluss zu dieser Reise gar nicht mehr so viel Mut. Wir waren ja schon beide von der Klippe gesprungen und flogen bereits.

An Herausforderungen wachsen

Der Gedanke, der umfassenden Veränderungen zugrunde liegt, ist doch offenbar oft: „Das kann nicht alles sein, da muss es doch noch mehr geben im Leben." Es macht also Sinn, sich ab und zu sein Leben mit etwas Abstand anzusehen und Bilanz zu ziehen. Dafür müssen wir uns aber ein Stück weit rausziehen aus dem alltäglichen Trott und den routinierten Abläufen. Eben eine Auszeit nehmen. Ein zweiwöchiger Urlaub kann häufig schon helfen, einen etwas anderen Blick auf bestimmte Aspekte und Themen zu bekommen. Meist reicht er aber eben nicht aus, um ganz grundlegende Fragen zu ergründen und wir benötigen eine längere Auszeit. Natürlich kann man die auch Zuhause sinnvoll nutzen und in sich gehen. Aber auf Reisen ist ein Perspektivwechsel und sich frei zu machen von alten Gewohnheiten so viel einfacher, da sowieso schon alles neu und anders ist. Außerdem begegnen wir anderen Menschen, fremden Kulturen und Lebensweisen, die uns Impulse geben und auf vollkommen neue Ideen bringen können.

Beim Reisen verlassen wir zwangsläufig unsere Komfortzone und werden mit ungewohnten Herausforderungen und vielleicht auch Problemen konfrontiert. Am Lösen dieser neuen Aufgaben wachsen wir häufig über uns hinaus.

Ramona: „Ich bin viel selbstbewusster geworden auf dieser Reise und traue mir mehr zu. Auch merke ich jetzt deutlicher, was ich wirklich will und was nicht."
Uli: „Ich war immer sehr getrieben in meinem Leben, ständig auf der Suche nach irgendwas. Durch die Reise habe ich zu mehr innerer Ruhe und Gelassenheit gefunden."

Ein Ausflug zum Svartison Gletscher in Norwegen gehört sicher zu den eindrucksvollsten Erlebnissen der Reise.

Ein eingespieltes Team

Landschaftlich war auf unserer bisherigen Reise sicher Norwegen am beeindruckendsten: Fjorde, Berge, Rentiere, die wundervolle, wilde Natur, das alles hat uns echt umgehauen. Obwohl wir auch sehr begeistert waren vom Baltikum oder Ländern wie der Slowakei – die haben uns wirklich überrascht.

Am meisten beeindruckt sind wir aber von unserem harmonischen Zusammenleben. Wir hatten uns in kürzester Zeit auf das neue Leben unterwegs, das neue Heim mit nur neun Quadratmetern und auch aufeinander eingestellt. Beide hatten wir mit sehr viel mehr Konflikten und Problemen gerechnet, mit Lagerkoller und Abgrenzungsschwierigkeiten. Vorher haben wir beide viel Zeit alleine verbracht und das auch sehr gebraucht und genossen. Dass das auf der Reise kaum noch möglich sein wird, hat uns Angst gemacht. Außerdem kannten wir uns zwar schon lange, aber nicht so gut, dass wir alle Macken des anderen zu nehmen wussten. Wir hatten keine Ahnung, wie wir miteinander klarkommen würden und ob die ganze Reise nicht nach ein paar Wochen schon wieder enden würde, weil wir uns nicht verstehen.

Aber es ist, als wären genau wir beide dafür gemacht, genau das hier zusammen zu machen. Wir verstehen uns großartig, sind ein eingespieltes Team und wissen, dass wir uns voll und ganz auf den Anderen verlassen können. Wir haben sehr schnell gelernt zu erkennen, wenn der Andere mehr Zeit für sich oder eine Pause braucht und ihm den Freiraum zu geben. Damit, dass es so reibungslos läuft zwischen uns hatte niemand gerechnet. Und auch, dass der Hund sich so wohl fühlt und alles so problemlos mitmacht und trotz seines hohen Alters topfit und zufrieden ist, war vorher nicht abzusehen.

Wir schlafen wie die Babys

Wir hatten erwartet, dass wir häufig schlecht schlafen würden, wenn wir irgendwo freistehen. Doch selbst im hinterletzten Winkel Finnlands, irgendwo im tiefsten Wald, vollkommen allein, schlafen wir beide tief und zufrieden wie Babys. Wir haben uns noch nie irgendwo nicht sicher gefühlt, und das obwohl wir beide ziemliche Sicherheitsfanatiker sind (wie man an unserer ausufernden Reiseapotheke sehen kann …). Von anderen Reisenden haben wir Berichte von aggressiven Straßenhunden und Einbrüchen ins Wohnmobil (auf dem Supermarktparkplatz!) gehört, aber uns ist noch absolut gar nichts Schlimmes passiert.

Die einzig unangenehme Erfahrung, die wir bislang hatten, war ein blinder Passagier: Eine kleine Maus hatte sich in unser Wohnmobil geschlichen und sich über Tage durch unsere gesamten Lebensmittelvorräte gefuttert. Dabei hat sie noch ein paar Flöhe für den Hund dagelassen.

Was uns aber wirklich nahe geht auf der Reise, ist, zu sehen, wie fahrlässig überall mit Natur und Tieren umgegangen wird. Als brave deutsche Mülltrenner sind wir geschockt über die Massen an Plastik und anderen Müll, die überall am Straßenrand und in den Wäldern liegen. Es scheint überhaupt kein Bewusstsein für Plastikverbrauch und Umweltschutz zu geben und auch kein Mitgefühl für Tiere.

Reisen will gelernt sein

Nach einem halben Jahr unterwegs, ziehen wir gerade eine Bilanz und schauen, was gut gelaufen ist und was wir demnächst anders machen wollen.

Im Norden sind wir zum Beispiel sehr vom kälter werdenden Wetter getrieben gewesen und davon, möglichst viel zu sehen. Dadurch sind wir in kurzer Zeit extrem viele Kilometer gefahren und haben uns mit Sightseeing überladen. Wenn man so schnell reist und so viel sieht, kommt der Kopf mit der Verarbeitung all der neuen Eindrücke gar nicht mehr hinterher. Zukünftig wollen wir uns mehr Zeit lassen, fürs Reisen und auch, um einen Ort besser kennenzulernen und ein Gefühl dafür zu bekommen. Wir wollen uns mehr und längere Pausen gönnen, besser auf uns achten und nur noch Orte und Städte anschauen, auf die wir wirklich Lust haben und nicht, weil „man das doch gesehen haben muss".

Finanziell hatten wir (aus der Erfahrung von anderen Reisenden) vorher etwa 50 Euro täglich einkalkuliert. Durchschnittlich geben wir 20-30 Euro am Tag (zu zweit und mit Hund) an Lebensmitteln, Stellplätzen und Aktivitäten aus. Das variiert natürlich (in Skandinavien sind die Lebensmittel und Campingplätze teurer, das gleicht sich dann im Osten wieder aus) und dazu kommen noch die Spritkosten, die ebenfalls von Land zu Land unterschiedlich sind, und in Skandinavien waren auch einfach die Distanzen, die wir zurückgelegt haben sehr viel größer. – Also mehr Kilometer in kürzerer Zeit. Insgesamt liegen wir aber mit unserem Budget ganz gut im Plan und auch unter den 50 Euro täglich.

Uli: „Auch Reisen muss man erstmal lernen. Wenn man einen längeren Zeitraum unterwegs ist, sind andere Dinge wichtig, als wenn man nur für zwei, drei Wochen verreist. Besonders die Ausgaben verteilen sich bei einer langen Reise völlig anders. Am Anfang waren wir noch häufiger auf Campingplätzen, weil wir dachten, wir bräuchten den Strom, die Sicherheit und den Luxus von Sanitäranlagen. Wir haben aber schnell rausgefunden, dass wir recht lange autark sind, mit unserem Wasservorrat und dem Solarpenal und dass tägliches Duschen überbewertet wird.

Durch hilfreiche Apps, wie „park4night", ist es inzwischen auch sehr einfach, einen guten Stellplatz für die Nacht zu finden, den schon jemand getestet hat und wo im Zweifel eben durch die App auch noch weitere Wohnmobile stehen. Auf Campingplätze fahren wir jetzt eben seltener. Sonst würde ich nichts ändern. Außer vielleicht noch eine zweite Jogginghose einpacken!"

Ramona: „Ich finde, wir schlagen uns sehr, sehr gut, dafür dass wir sowas noch nie vorher gemacht haben. Wenn wir noch ein bisschen mehr auf unser Bauchgefühl achten und wirklich nur noch das machen, worauf wir Lust haben, machen wir eigentlich alles genau richtig. Ich würde im Nachhinein höchstens weniger Klamotten und dafür mehr Bücher einpacken."

Für uns gibt es nur einen Termin am Tag

Einfach ins Wohnmobil steigen und losfahren, wohin wir möchten. Kein Kalender, keine Termine, keine langfristigen Pläne. Jeden Morgen aufwachen und neu überlegen, worauf wir an diesem Tag Lust haben und uns jederzeit spontan umentscheiden können. Keine Kompromisse, niemand, nach dem wir uns richten müssen; von nichts und niemand abhängig sein, völlige Selbstbestimmtheit. Unser einziger Termin am Tag ist der Sonnenuntergang über dem Meer / der Bucht / dem See / dem Fluss / der Stadt / dem Wald / dem Strand / den Bergen, oder wo auch immer wir gerade sind. Das ist für uns das absolute Freiheitsgefühl und der Hauptgrund, aus dem wir diese Reise machen. Unser Fazit: Diese Reise war die beste Entscheidung unseres Lebens. Wir sind beide so zufrieden und glücklich und so nah bei uns selbst, wie vermutlich noch nie vorher im Leben.

Im Tyresta Nationalpark in Schweden haben wir einen der schönsten Tage unserer bisherigen Reise verbracht

Was wir anderen raten würden, die mit dem Gedanken an ein ähnliches Abenteuer spielen?

Na was wohl?! Legt um Himmels Willen los! Gebt euch selbst die Erlaubnis auszubrechen und glücklich zu sein – und wenn es nur für ein paar Monate ist. Ihr seid es wert, ihr habt es verdient, ihr habt nur das eine Leben. Alles was ihr braucht, ist ein bisschen Mut, um zu springen. Alles andere ergibt sich dann schon.

Resümee

Mit dieser kleinen Sammlung persönlicher Reiseerfahrungen wollten wir aufzeigen, dass es viele verschiedene Wege gibt, sich den Traum von einer längeren Reise zu erfüllen und dass es immer Menschen gibt, die das Gleiche schon gemacht haben und vielleicht auch aus einer viel komplizierteren Startsituation heraus. Häufig stecken hinter einem „Ich würde ja gerne, ich kann aber nicht" lediglich Ängste und keine realen Hindernisse und wir stehen uns und unserem Glück einfach selbst im Weg.

Oft ist es die Angst vor dem Unbekannten, dem Fremden und die Sorge, dass uns in der Ferne etwas zustoßen könnte, die uns von Unternehmungen abhalten. Dabei haben wir noch keinen Reisenden getroffen, dem wirklich etwas Ernstes zugestoßen ist. Auch in den hier gesammelten Geschichten berichten alle höchstens von kleineren finanziellen Verlusten oder schlechtem Essen. Damit wollen wir selbstverständlich nicht sagen, dass auf einer Reise nichts Schlimmes passieren kann, aber auch Zuhause, in unseren gewohnten Alltagsroutinen, kann uns jederzeit etwas zustoßen. Und überall auf der Welt, sei es in Asien, Südamerika oder Europa, gibt es hilfsbereite Menschen, auf die man zählen kann.

In sämtlichen Interviews kommt sehr deutlich raus, dass es gerade das Fremde, die exotischen Kulturen, andersartige Gepflogenheiten und vor allem die Begegnungen mit anders lebenden und denkenden Menschen sind, die – lässt man sich darauf ein – überhaupt keine Angst machen, sondern im Gegenteil eine absolute Bereicherung für das eigene Leben, Denken und eine neue Sicht auf die Welt ausmachen.

Alle, die wir getroffen und mit denen wir uns ausgetauscht haben, sind sich einig, dass eine längere Reise einen Menschen positiv verändert. Wir meistern neue, bislang unbekannte Situationen, finden uns trotz Sprachbarrieren in der Fremde irgendwie zurecht und wachsen daran. Besonders das Vertrauen in uns selbst und in die Welt wird größer und wir trauen uns schließlich mehr zu.

Vor allem aber kann man aus den Interviews herauslesen, dass sich die Sicht auf vieles verändert. Zum Beispiel wird so manch ein Vorurteil über ein Land und seine Bewohner korrigiert und wir werden völlig überrascht von der Schönheit eines Ortes und der Herzlichkeit der Menschen, wo wir es nicht erwartet hatten.

In allen Gesprächen, die wir mit anderen Reisenden führen, kommt aber auch früher oder später das Thema Umweltverschmutzung auf. Auch in den Interviews wird sehr häufig die Bestürzung über Müllberge, die die Natur verschandeln und der achtlose Umgang mit Plastik deutlich. Dabei spielt es kaum eine Rolle, ob die Berichte aus Afrika, Indonesien, Asien, Süd- oder Mittelamerika oder auch aus Europa stammen. Auch wir sind jeden Tag aufs Neue geschockt über die Rücksichtslosigkeit im Umgang mit der Natur, den vermüllten Stränden und dem insgesamt offenbar so gar nicht vorhandenen Umweltbewusstsein. Von dem unmenschlichen Umgang mit Straßen- und Haustieren ganz zu schweigen. Und wir sind nicht im hinterletzten Winkel Afrikas unterwegs, sondern im ach so zivilisierten und fortschrittlichen Europa. Das täglich zu erleben, gibt einem schon zu denken und lässt einen zumindest das eigene Konsumverhalten verändern.

Worin sich ebenfalls die meisten Langzeitreisenden einig sind, ist, dass es eine nachhaltige Veränderung in einem selbst gibt. Über einen langen Zeitraum hinweg beschäftigt man sich als Weltenbummler nicht mehr mit dem Kleinklein des Alltags, sondern mit sehr viel elementareren Dingen, wie Essen, Schlafen, Sicherheit und Zwischenmenschlichem und den ganz großen Fragen des Lebens, wie „Führe ich wirklich das Leben, das ich mir (heute auch noch) so aussuchen würde?", „Bin ich glücklich und was bedeutet eigentlich Glück für mich?", „War das schon alles? Gibt es da nicht noch mehr, was das Leben zu bieten hat?"

Im Alltag haben solche Fragen meist nicht viel Platz, denn jeden Tag alles in Frage zu stellen kostet Kraft und eine ehrliche Antwort würde ja möglicherweise gravierende Konsequenzen nach sich ziehen und uns aus der gewohnten Bequemlichkeit rauslocken.

Vermutlich erleben deshalb viele das Zurückkommen und Wiedereinfinden in das alte Leben als schwierig und fallen erstmal in ein Loch. Wir kommen verändert nach Hause zurück, gefüllt mit tausend neuen Erlebnissen und Eindrücken: so viel, was wir unterwegs gesehen und gefühlt, womit wir uns auseinandergesetzt und beschäftigt haben. Da gab es Gespräche und Begegnungen mit anderen Menschen, die unser bisheriges Weltbild aufgebrochen haben und deren Inhalte so vollkommen anders waren, als Gespräche mit Freunden und Kollegen in der Heimat. Währenddessen ist das Leben Zuhause einfach so weitergegangen, auch ohne uns.

Nachdem wir lange Zeit von Tag zu Tag selbst entscheiden konnten, was wir machen, sollen wir uns jetzt wieder jeden Morgen in die U-Bahn setzen und uns mit dem kleinteiligen, irgendwie plötzlich sehr unwichtig erscheinenden Büroalltag rumschlagen. Die Probleme und Themen von Kollegen und Freunden erscheinen uns plötzlich banal und gleichzeitig fühlen wir uns ganz schlecht, weil wir unsere Freunde doch ernst nehmen und sie unterstützen möchten.

Gespräche sind auch nicht so einfach, selbst mit Menschen, die uns eigentlich nahestehen. Denn wie soll man die Frage „Und, wie war's?" nach einem Jahr durch die Welt reisen mal eben so beantworten? Plötzlich sind da zwischenmenschliche Gräben, die vorher nicht da waren, denn wir sind raus aus dem Alltag unseres Umfelds und müssen uns hier erst wieder langsam einfinden, während wir selbst in einer so anderen Gedankenwelt unterwegs waren und sind, die mit dem alten Leben nicht so recht übereinzubringen ist. Gleichzeitig fühlen wir uns allein und unverstanden, da unsere Freunde nicht das gleiche erlebt haben wie wir und vieles nicht wirklich nachvollziehen können. Unser altes Umfeld läuft mehr oder weniger noch in derselben Umlaufbahn, während wir inzwischen um ganz andere Dinge kreiseln.

Es braucht also etwas Zeit und Geduld, um sich nach einer langen Reise wieder im alten Leben – oder vielleicht einem völlig neuen? – zurechtzufinden, und häufig werden nicht alle Dinge wieder so, wie sie vorher waren, einfach weil man selbst nicht mehr derselbe Mensch wie vor der Reise ist.

Und doch haben wir absolut niemanden getroffen, der nicht sagt, er würde es sofort wieder machen. Die Meisten beschreiben ihre Reise als eine der wichtigsten Erfahrungen in ihrem Leben. Auch wenn eine Langzeitreise organisatorischen und planerischen Aufwand im Vorfeld bedeutet, eine längere Trennung von Freunden und Familie mit sich zieht, man im

Nachhinein eine Zeit lang unter Wiedereinfindungs-schwierigkeiten und Fernweh leidet und das Ersparte ziemlich geschrumpft ist, ist die einstimmige Meinung aller Reisenden die wir kennen, dass diese einmalige und bereichernde Erfahrung all das wert ist.

Auch wir würden es sofort wieder machen und bereuen überhaupt nichts. Mit Freunden und Familie halten wir regelmäßigen Kontakt und sonst gibt es wirklich gar nichts, was uns fehlen könnte. Jeden Abend, wenn wir einen weiteren traumhaften Sonnenuntergang über dem Meer anschauen, gratulieren wir uns erneut gegenseitig zu dieser Entscheidung und gehen jeden Tag mit dem guten Gefühl schlafen, einfach alles richtig zu machen.

Wir hoffen, wir konnten mit diesem Gemeinschaftswerk einige Hindernisse, die zwischen Euch und Euren Träumen stehen, beseitigen und Euch dazu ermutigen, Eure eingefurchte Umlaufbahn für eine Weile zu verlassen und das große Abenteuer zu wagen.

Alles Liebe,

Ramona & Uli

Konnten ein paar Deiner Fragen beantwortet werden? Hat Dir das Buch gefallen oder Dich eine der Geschichten ganz besonders inspiriert? Schreibe uns doch eine E-Mail mit Deinen Gedanken und Anmerkungen an mail@auszeit-storys.de. Wir freuen uns über Dein Feedback!

Nützliche Links

Reiseplanung

digibase.com & dropscan.de & epost.de
Dienstleister, die die tägliche Post digital verfügbar machen

prepaid-data-sim-card.wikia.com
Übersicht über die lokalen Prepaid Angebote für den Internetzugang

auswaertiges-amt.de/de/ReiseUndSicherheit
Reiseinformationen für Länder vom Auswärtigem Amt

joinmytrip.de & reisepartner-gesucht.de
Seröse Portale um einen passenden Reisepartner zu finden

Unterwegs arbeiten

workaway.info & wwoofinternational.org
Hier findest du Volunteer und Arbeitsangebote auch auf Farmen in der ganzen Welt

handgegenkoje.de
Mitsegeln & Kojencharter auf Yachten weltweit

Flüge buchen

kayak.de & momondo.de & skyscanner.de
Vergleichsportale für Flüge von unterschiedlichen Airlines

flightright.de
Hilft bei der Durchsetzung von Ansprüchen, die einem bei Verspätungen und Ausfällen von Flügen zustehen können.

Von A nach B

Campanda.de &
PaulCamper.de &
shareacamper.de

Plattformen, auf denen ihr ein privates Wohnmobil mieten oder auch eures einstellen könnt, wenn ihr gerade nicht damit reist

Navigation

google.de/maps

Mit am besten geeignet für die Navigation (Tipp: speichere Kartenausschnitte temporär für die offline Nutzung)

wego.here.com

Eine Alternative zu Google Maps – Ganze Karten für Regionen und Länder können heruntergeladen und unbeschränkt offline genutzt werden

wikitravel.org

Der originale, freie und aktuelle Reiseführer mit 300.000 Autoren/Reisenden monatlich

Übernachten

airbnb.de &
sabbaticalhomes.com

Plattformen, auf denen ihr private Wohnungen und Häuser weltweit zum Mieten findet und auch eure Wohnung zwischenvermieten könnt

hostelworld.com

Portal mit Hostels weltweit

park4night.com &
ioverlander.com

Apps um – meist kostenlose – Stellplätze für Wohnmobile zu finden

ADAC CampingCard &
campingcard.com

Ermäßigungskarten für die Nutzung von Campingplätzen

Stadtführungen

getyourguide.de

Zum Buchen von Führungen, Ausflügen und Eintrittskarten für Sehenswürdigkeiten

freetour.com

oder nach lokalem Freewalking Tour Anbieter googlen

Kostenlose (Trinkgeld erwünscht) Gruppen-Führungen von lokalen Guides die meist ohne Voranmeldung durchgeführt werden

Reiseblogs

bus-life.de

Sandra und Timo sind mit ihrem Bully in Süd- und Mittelamerika unterwegs

bombero-travel.com

Anna und Sebastian fahren mit einem ausgebautem Feuerwehrwagen durch Europa

tresviajantes.com

Steffi und Tim haben über die Reise mit ihrem dreijährigen Sohn Jonas durch Südamerika geschrieben

weltreiselust.de

Magda und Olli haben eine klassische Weltreise gemacht

wenn-nicht-jetzt.de

Ramona und Uli sind mit Hund und Wohnmobil in Europa unterwegs

via-away.com

Jessica und Jonatan haben 13 Monate die Welt bereist

128

DANKE

Wir danken allen, die bei diesem Buchprojekt mitgemacht und uns ihre wundervollen und sehr persönlichen Reisegeschichten anvertraut haben.

Außerdem danken wir allen Reisenden die wir unterwegs getroffen haben für die freundschaftlichen und erhellenden Gespräche, die uns gezeigt haben, dass es viele Verrückte wie uns gibt, die ebenso denken und fühlen und wie wir auf der Suche nach mehr sind.

Wir danken auch allen, die unsere Reise mitverfolgen, uns schreiben und uns immer wieder bestätigen, dass wir das absolut Richtige machen.

Vor allem aber danken wir unseren Eltern, die diese Idee von Anfang an voll und ganz unterstützt haben und uns mit dem guten Gefühl durch die Welt streunen lassen, dass wir immer Rückenwind haben.

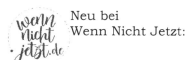 Neu bei
Wenn Nicht Jetzt:

Holy Bearshit
– Eine Abenteuerreise auf der Suche nach den letzten Bären Europas

Der Lebenskünstler Sirius träumt davon, einmal einem Bären zu begegnen. Er streicht seinen Camper grün an, tauft ihn *Bearhunter* und macht sich mit seinem Kumpel Mohammad zu einem abenteuerlichen Roadtrip auf, um in Europas Wäldern nach Bären zu suchen. Der Zufall wird zum unfehlbaren Navigationssystem auf ihrer kuriosen  Reise voller verrückter Situationen, skurriler Begegnungen und wilder Naturerfahrungen. Eine unglaubliche Verkettung der Ereignisse nimmt ihren Lauf ...

Witzig und leichtfüßig geschrieben, unterhält »Holy Bearshit« und bringt die Leser zum Schmunzeln. Gleichzeitig zeichnet sich die Geschichte jedoch durch subtile Tiefgründigkeit aus und regt zum Nachdenken über unseren bedenklichen Umgang mit der Natur an – ohne dabei den moralischen Zeigefinder zu erheben.

Christian Siry »Holy Bearshit«
Erhältlich bei Amazon
215 Seiten, Taschenbuch & eBook
ISBN: 978-3-947814-03-8

Am Strand ein Buch verlegt
− So fing unsere Geschichte an

Ramona und Uli haben von unterwegs den
Wenn Nicht Jetzt-Verlag gegründet und Christian ist ihr erster Autor.

Als wir »Holy Bearshit« zum ersten Mal lasen, verliebten wir uns direkt, weil es so witzig geschrieben, authentisch und gleichzeitig märchenhaft ist. − Wir, das sind Ramona und Uli und gemeinsam haben wir den *Wenn Nicht Jetzt-Verlag* gegründet. Und »Holy Bearshit« hat dazu den Ausschlag gegeben!

Am Strand von Sizilien trafen wir im Frühling 2018 Christian, den Autor des Buchs, der mit seinem Bus auf Reisen war. Zu dem Zeitpunkt reisten wir beide bereits seit einem Jahr mit unserem Wohnmobil durch Europa und so trafen wir uns abends am Lagerfeuer und hatten uns gegenseitig viel zu erzählen. Da erfuhren wir eben auch, dass Christian gerade »Holy Bearshit« geschrieben hatte und Hilfe beim Veröffentlichen suchte. Zufällig hatten wir auf diesem Gebiet Erfahrung und bereits über die Gründung eines eigenen Verlags nachgedacht. Jetzt bekamen wir den letzten Schubs!

Der etwas andere Verlag

Im *Wenn Nicht Jetzt-Verlag* steht das Thema Veränderung im Mittelpunkt. Was uns interessiert, sind Menschen mit Geschichten, die von Aufbruch, Auszeit, Aussteigen erzählen, von Neuanfang und Mut. Geschichten, die das Leben schreibt, verpackt in humorvolle, ernste, dramatische, leidenschaftliche oder ironische Erzählungen. Wir wollen starke Bücher machen, die bewegen, ergreifen, wachrütteln, zu Tränen rühren oder Bauchschmerzen vor Lachen machen, von Menschen, die wirklich etwas zu sagen haben.

Autor werden

Du hast auch ein Buch geschrieben und bist auf der Suche nach einem etwas anderen Verlag? – Dann melde Dich doch bei uns! Wir freuen uns über Deine Nachricht unter mail@wenn-nicht-jetzt.de.

Auf dem Laufenden bleiben

Verpasse keine Neuerscheinung unseres kleinen Verlags und trage Dich in unseren Verteiler ein, unter www.wenn-nicht-jetzt.de/news